片づけは「捨てない」ほうがうまくいく

空間心理カウンセラー
伊藤勇司

飛鳥新社

はじめに

ものを捨てなくても、部屋は必ずキレイになります！

「ものは多いし……とにかく部屋が汚くて！」
「片づけても片づけても、すぐに散らかるんです」
「片づけができない自分にイライラするやら、情けないやらで……」

私のところにご相談にいらっしゃる方からは、「片づけ」に関して、さまざまな悩みをうかがいます。なんとか自分の部屋をキレイにしようと、みなさん、本当に努力をされています。

片づけ本を何冊も買っては片っ端から読んでみたり、テレビや雑誌の「片づけ特集」を観てはその方法を試してみたり……。

けれど、思うようにものは捨てられないし、テレビでやっているようにすんなりと片づけは進まない。そのうち、片づけさえも満足にできない自分に嫌気がさしたり、「私ってダメだな」と落ち込んだりすることもあるでしょう。

たいていの方は、「片づけ＝ものを捨てる」と考えているようです。

たしかに、巷《ちまた》では「ものは最小限でいい」『ものが増えてきたら思い切って捨てましょう」という風潮が非常に強くあります。

私は**「空間心理カウンセラー」**という仕事をしていますが、はじめてお会いした方と名刺交換をすると、ほとんどの人が私の名刺の肩書きを見て、なぜか申し訳なさそうにこうおっしゃいます。

「片づけ方を指導されているのですね。片づけるにはまず、ものを捨てないといけないですよね。でも、なかなかできなくて……」

「片づけ＝捨てる」と考えているのだな、と痛切に感じる瞬間です。

実際に、「ものを捨てなければいけない！」と思い込み、苦しんでいる方は本当に多くて、私までなんだか切なくなってしまうほどです。

でも、本当は、「片づけ＝捨てる」ではありません。

実際、私のところにいらっしゃる方には、開口一番、

「ものは捨てなくていいですよ！」

と申し上げます。

すると、みなさん、最初はびっくりしたような顔をし、次に、「またまたご冗談を。そんなわけはないでしょう！　それじゃ片づかないじゃないですか〜」とおっしゃいます。

けれど、これはまぎれもない事実です。

ものを捨てなくても、十分、部屋は片づくのです。


実際、**私はこれまで８０００人以上の方を指導してきましたが、ほとんどの方が部屋をキレイにすることに成功しています**。その確率は実に90％以上です。

もちろん、毎回、どの方にも「ものは捨てなくていいです」とお伝えしています。

ただ、

「部屋の１か所だけキレイにすることを心がける」

「ものは出して、磨いて、戻す」

この２つを徹底することだけを教えています。


ものを出して、磨いたら、元の場所に戻す。

これだけでいいのです。

とにかく、これまで「ものを捨てないと、部屋はキレイにならない。でも、なかなかものが捨てられない……」と悩まれていた方。

安心してください！

これからはものを捨てずして、部屋がキレイに変身します。

その詳しい方法については、これからじっくりとご紹介していきますね。

何度も言いますが、ものは捨てなくても、必ず部屋はキレイになります。

どうかその効果を実感してみてください。

90%以上の人が成功している片づけ術。次はあなたの番です

CONTENTS

第２章

私が見てきた、いい部屋、ダメな部屋

第3章 片づけは「1か所」だけでうまくいく！

第4章 「捨てない」魔法の3ステップ

第５章 悩み別！ 部屋ごとの片づけポイント

第６章 片づけで人生はこんなに輝きだす

第1章

世界一らくちんな片づけの方法

どうして「捨てなくても」キレイになるの？

なぜものを捨てなくても、部屋がキレイになるの？　と不思議に思われる方もいらっしゃるかもしれません。

でも、ものを捨てずに部屋がキレイになるのはまぎれもない事実です。

正確に言うと、「ものを捨てる」から「ものを手放す」という感覚に変わっていくという感じでしょうか。ものを「捨てる」という言い方には、**「いらないもの」だから捨てる、「葬り去る、排除する」**といったニュアンスがあります。どこか無理矢理思いを断ち切るようなところがありますね。

一方、「ものを手放す」というのは、たとえて言うなら、まるで魚を池に放つように、自然と「今の私に、これは必要ないわ」と思えるようになる感覚です。

私の片づけ法を実行していくうちに、**「今の自分に必要なもの」**と**「そうでないもの」**

が自然と見えてきます。

実際、「ものは捨てなくていいですよ！」とお伝えするにもかかわらず、レッスンを受けられた人はほぼ１００％、自分の意思でものを手放したくなります。誰かに言われてやるのではなく、自ら決断して行なうことなので、未練は〝ゼロ〟です。

人は未練があるままにものを手放すと、無意識にまたそれを引き戻そうとする習性があります。けれど、自らの意思で手放すと決めると、誰かに言われてしぶしぶ決断したわけではないので、未練も生まれません。すると、新たなものを手に入れようとはしなくなるのです。

新しいものをむやみに買わなくなるので、ものは増えません。今の自分に必要なものだけが手元に残るので、非常にコンパクトになります。

そして、部屋がスッキリするだけでなく、自分自身の気持ちもスッキリします。

自分が本当はどうしたいのか？　何がやりたいのか？　などが明確になってくるという、いいことずくめの方法なのです。

あなたがものを捨てられないのは「思い」を手放せないからです

家の中のものを減らさなければ、と思いながらなかなか手放せない……。そのような経験はどなたにでもあるのではないでしょうか。

実は、ものが捨てられないのは物理的なものではなく、**ものに付随する「思い」を手放せないだけ**なのです。

「高かったけれど、奮発して買ったのだから」とか「この本、まだ読めていないのにな」「わざわざ取り寄せてもらったし……」といった、「ものに込めた思い」を断ち切ることができないから捨てられないのです。

あなたが捨てようとしているものは、そもそも、はじめから「いらないもの」だったのでしょうか。それを手にしたときのことを思い出してみてください。

たとえば、クローゼットで眠っている洋服。会社帰りに歩きながら何気なくショーウインドーを見てみたら、その商品と目が合って思わず衝動買いしてしまったり、雑誌に載っていた商品に一目ぼれして、わざわざ取り寄せて手に入れたりした、ということもあるでしょう。

机の上でほこりをかぶっている置物。旅行の記念に買ったのかもしれません。

本棚に並んでいる本。「おもしろそうだから」と興味をひかれたのではないでしょうか。

そう、**どれもみんな、自分で「欲しい」と思ったから手に入れたはずなのです**。つまり、もとは「いらないもの」ではなかった、ということ。

そして、あなたとあなたの周りにあるものとの間には、たいてい、なんらかの「出会い」や「思い入れ」「ストーリー」があるはずです。

ものを捨てる、ということは、そういった「いい出会い」「いい思い出」もすべて捨て去ることにつながります。

今、あなたの手元にあるものは、たいていが自分で「欲しい！」と判断して取り入れたもの。であれば、手放す際も自分で「これはもう今の自分には必要ないな」と判断し、決断する必要があります。先にも少しお話ししましたが、自分で決断すると、

ものを捨てられないのは……「思い出」「ストーリー」があるから

未練は残りません。

そして、これからご紹介する片づけ法を実行すると、あなたの持っているものが「今、自分にとって必要なものなのか？　そうでないか？」が明確になります。

なんでもかんでも、自分の思いを断ち切ってまで捨てようとするのは、もうやめることにしませんか。

まずは、今あるものを大事にしましょう。

あなたが今持っているものは、少なくとも手に入れた当初は、あなたにとって必要なものだった。

そのことをどうか忘れないでください。

捨てるだけの片づけの意外な落とし穴

ものを捨てた瞬間は、ものすごくスッキリした気分になりますよね。

よく「ものを捨てたら、人生の流れが変わります」と言われますが、これもまた事実です。けれど、その流れが必ずしも「好転」するとは限らないのです。

捨てることで得られるスッキリ感は、一時的なものにすぎません。

片づけに対する意識など、根本は変わらないので、しばらくするとものはふたたび増えてきます。捨てて、増えて……の繰り返しになるばかり。本質的には何も変わりません。

つまり、**「ただ捨てればいい」わけではない**、ということです。

また、なんでもかんでも「捨てればいい」と考えると、人生の流れも自分の望む方向から遠ざかってしまうこともあります。

以前ご相談にいらしたAさん（男性）は、ものが部屋に溜《た》まってきたら、家を引っ越す、ということを繰り返していました。新たに越した先でも、ものが溜まってきたら、別の場所に移動する。その繰り返しです。まるで「ヤドカリ」のようですね。

部屋にものが増えはじめ、手狭になったと感じたら、部屋を片づけるのではなく、住む場所を変える。つまり、今住んでいる場所を「大事にする」のではなく、「捨てる」という発想です。

それを聞いて、「何か違うよな？」と違和感を覚えました。引っ越し代だってバカになりません。それより、片づければ解決する問題だと思うのです。第一、自分の住まいを大切に考えていないですよね。

聞けば、Aさんは、仕事も同じようなパターンだといいます。

勤めていた会社で、ちょっとトラブルが起こると、そこで「解決」を試みるのではなく、「辞める」という選択をするのです。そして、部屋をちょくちょく変えるのと同じく、職場も転々と渡り歩いています。

結果として、自分のキャリアにもならないし、自分のやりたいこととはどんどんかけ離れた仕事に就いているようでした。仕事も、大事に思いきちんと向き合うのではなく、すぐに「捨てる」という結論を出してしまうのです。

このように「捨てることこそ、人生好転の第一歩だ」「捨てることが人生の流れを変える」と思って、それを自分の人生にまであてはめてしまうと、自分が望むところとは違う方向に進んでしまいます。

自分の持っているものを一気に捨ててしまうと、自分がこれまで培《つちか》ってきたものまでも捨ててしまうことにもなりかねません。

たしかに、流れは変わるかもしれないけれど、Aさんのように「好転」とは言いがたい事態に陥《おちい》ることもよくあるのです。

ものを一気に捨てる、というタイプの方には、ほかにも次のような傾向が見られます。

たとえば、恋愛関係に問題を抱えている人の場合、いい人だと思ってつき合った彼氏が、実はDVを振るう人だった。それで、その彼と別れて、「次こそはいい人を見つけよう」とつき合った別の彼が、前の彼よりもひどい人で……。また別れて違う人とつき合ったけれど、その人も……。結局、一番はじめの彼が一番ましだった、というケースもけっこう多いのです。

ＤＶに限らず、離婚、再婚を繰り返す方にもこのパターンが見られます。何度も離婚、再婚を重ねてきたけれど、実は最初に結婚したダンナさんが一番よかったかもしれない、というような状況です。これは、人間関係さえもばっさりと切り捨ててしまった結果とも言えるかもしれません。

これからは**「捨てる」ではなく、「今あるものを大事にする」**という発想に転換してみませんか?

たとえば、自分の身近にあるものを大事にする。人間関係を大事にする。

そういう視点でものを見てみると、これまで見えなかった本当の「よさ」が見えてくるはずです。

ものに関して言えば、今まで「いらない!」と思っていたけれど、「ものを大事にする」という観点からそれを見直してみたら、実は別の場所に使えそうだ、と気づくこともあるでしょう。

人間関係で言えば、「この人はこんなところがダメだ! 合わない!」と思っていたけれど、「大事にする」という視点で見直してみたら、「この人のよさは、別のところにあるのかもしれない」と発見することもあるはずです。

ものに対する考え方と、人に対する考え方は、どこか似ているところがあります。ものを大切にしない人は、人間関係もあまり大切にしないと言えるでしょう。ものを「いらなくなったら捨てる」と考えている人は、人間に対しても悪いところに目がいき、「自分と合わなければバッサリ切り捨てる」という思考になりがちです。けれど、ものを大切にする姿勢が身についてくると、人のいいところが目につくようになってきます。

このあとご紹介する片づけ法を実践するだけで、この発想法に自然と変わっていくのです。

「とりあえずスペース」はどんなに散らかしてもいい！

キレイにすることばかりに気を取られていると、少しでも汚れたり、散らかったりしているだけで、イライラしたり、落ち込んだりしてしまいますよね。

けれど、「散らかしてもいい」と私は思っています。

たとえ片づけができなくても、「散らかすこと」はできるはずです。

それなら、まずは**「散らかし方を変える」**ことからはじめてみませんか？

散らかしてはいけない、と自分を規制すると辛《つら》くなるだけです。ですから、これからは散らかすことを否定するのはやめましょう。ただ、散らかす方法をこれまでとはちょっとだけ変えてみるのです。

まずは、「散らかす場所」を決めます。

部屋の中に散らかしていい場所、通称**「とりあえずスペース」**をつくるのです。

もし、これまで無造作に床にものを置き散らかしていたなら、今日からはそれらを

「とりあえずスペース」に置きます。家に帰ってきてから、鍵やカバン、服など、つい脱ぎ捨てたくなりますよね。それらはすべて「とりあえずスペース」まで持って行くようにするのです。

そうすると、床に空間ができますね。1か所だけ散らかっていると、だんだんとそこが気になってきます。散らかっている場所が目立つんですね。

そのうちに「散らかっているところをなんとかしようかな」と思うようになってくることもあるはずです。そう思えるときがくるまでは、無理に片づけようとしなくてもいいのです。

汚れてもいい。

散らかっている場所があってもいい。

ただ、行動をちょっと変えるだけ。

それが、キレイな部屋に生まれ変わる第一歩。

そう考えるとずいぶん気が楽になりませんか？

片づけがうまくいかないときは、「散らかし方」を変えてみよう

片づけを「ゴール」にしてはいけない

私のご紹介する片づけ法は実にシンプルです。

1つめは、先にご紹介した**「ものを捨てなくていい」**。

そして、2つめは**「片づけようとしなくていい」**です。

「片づけようとしなくていい」というのには、2つの意味があります。

その1つが、片づけることを「ゴール」にしてはいけません、ということです。

なぜ片づけることを「ゴール」にしてはいけないのでしょう?

それは「片づけ」を目標にしても、モチベーションはちっとも上がらないからです。

あなたにとって、片づけは本当にやりたいことですか?

おそらく、多くの人は「うーん、部屋をキレイにするためには仕方ないことだとは思うけれど……」「やりたいか、やりたくないかと言えば、できればやらずに済ませたい」というような気持ちではないでしょうか。

何を隠そう、私だって、片づけは「本当にやりたいこと」ではありません。

けれど、この**「やりたくないこと」をゴールとして設定している人が、驚くほどに多い**のです。

「きちんと掃除して、キレイな部屋にする」ことを目標を掲げてみた。でも、ちっとも気持ちが乗らないし、モチベーションも上がらない。それも当然ですよね。だって「やらなければいけない」とは思っているけれど、「やりたい」とは思っていないのですから。

人は、自分が「やりたい！」と思ったことなら、たとえ誰かに反対されたとしても、なんとかしてやり遂げようとするものです。

なかには、意志の強い方がいらっしゃって、片づける気の起きない自分を一生懸命奮《ふる》い立たせて、頑張って掃除をして、キレイな部屋をつくり上げるのに成功することがあります。言ってみれば、「ゴール」に到達した方です。

ところが、部屋がキレイになっても、その喜びは瞬間的なものでしかありません。

なぜなら、自分を取りまく状況はちっとも変わらないからです。部屋がキレイになっても、新しい出会いはないし、生活に変化も見られない。「せっかく部屋をキレイにしたのに……。これって本当に自分が望んでいた状況なの？」と、がっかりする方も数多くいらっしゃいます。

なぜ部屋が片づいても、幸せな気分になれないのでしょうか。

それは、部屋が片づくことが一番の望みではなかったからです。

その方にとっての本当の望みは、実は「人間関係をよくすること」だったり「パートナーと一緒にいたい」「天職を見つけたい」だったりします。ですから、それが解決しない限り、幸せな気分に浸《ひた》ることはできないのです。

このように、人には「部屋をキレイにする」ことの先に、「自分が本当にやりたいこと、望むこと」があります。それをゴールに設定するといいでしょう。

そう、**「片づけ」はキレイにする行為ではなく、「自分の夢をかなえるための練習」**だと考えてみるのです。

私の仕事というのは、「片づけ」を通して相談者の方からお話をうかがいながら、その方の奥底に潜んでいる願望や夢を見つけ出すこと、とも言えるかもしれません。
一見、片づけと夢は何の関連性もないように思えますが、実際に片づけていくうちに不思議と両者がつながっていきます。事実、「片づけは夢をかなえるための練習だ」と考えるようになったら、日常の過ごし方が変化したという方を数多く見てきました。

たとえば、これまで「毎朝、ぎゅうぎゅう詰めの満員電車に乗って会社に通うのが苦痛で苦痛でたまりません」と言っていた生徒さんがいました。

けれど、レッスンを受けていくうちに、「この電車に乗るという行為も、将来の自分の夢に向かって進む過程のひとつなんだな、と思えてきて。そうしたら、満員電車も苦にならなくなってきました」と言うのです。

同じ行動ひとつ取っても、自分の考え方次第でこんなにも気持ちが変わるものなのです。

どうせ同じことをやるのなら、「嫌だなあ」と思いながら渋々行なうよりも、「すべて自分の実になる！」とワクワクしながら行なったほうが気分も楽になるはずです。

それに、何より自分が楽しいと思えるのが一番ですよね。

自分の気持ちを変えることは難しいですが、片づけをするうちに、自然とこうした前向きな気持ちになれます。

片づけると、その先にもっといいことが待っている。

そう考えると、なんだか片づけるのが楽しくなってきませんか？

一番大切なのは心地よい空間をつくること

先に、「片づけようとしなくていい」には、2つの意味がある、とお話ししました。

1つは、「片づけをゴールにしない」という意味。

そして、もう1つは、**「片づけよう！」と気合を入れたり、「掃除しなきゃ！」と意気込んだりしない**、ということです。

片づけをはじめようと考えると、つい「さあ、やるぞ〜！」と、こぶしをにぎりしめ、自分に喝を入れがちですよね。でも、そのようなことはしなくていいのです。

「片づけよう！」「片づけなきゃ！」と肩に力を入れて気張ると、「キレイにしなければいけない」「完璧にキレイにするぞ！」と、まるでそれが「義務」であるかのように感じがちです。

そうして、がんじがらめに考えすぎると、かえって「やりたくない」「めんどくさい」「片づけたくない……」という反対の気持ちが芽生えてくるのです。

片づけは決して義務ではありません。

キレイでなければいけない、という決まりは何もないのです。**キレイにするというよりも、自分がその場にいて心地よい空間をつくる**。それが何より大事です。

私の場合は、デスクワークをしていて、「ちょっと疲れたな」「行き詰ってきたな」「飽きたな」と感じたら、気分転換の意味合いも兼ねて掃除をします。「ちょっと窓を拭いてみようかな」とか「床でも磨いてみようかな」と、体を動かすことによって、気持ちを切り替えるのです。

1つのことにずっと集中していると、考え方も固執してしまいがちです。そのようなときに、無心になって掃除をしたり、お皿を洗ってみたりすると、パッと頭が解放される感覚になります。そして、これまでまったく考えもしなかったたいいアイディアや発想が浮かんでくることも多いです。

このように、「ふと思い立ったときに掃除をする」という感覚でいいと思います。これなら構えなくても、すきま時間にちょこっとやってみようかな、という気になりませんか?

実際、**「片づけるのをやめたら、部屋が片づきました！」**という方も数多くいらっしゃいます。私はレッスンで必ず、**「片づけたくなければ、別に片づけなくてもいいですよ」**とお伝えしています。基本的に、月１回、計３回にわたってレッスンを行なうのですが、次に私がうかがうまでの１か月間、まったく掃除をしなかったという方もいらっしゃいました。

でも、驚くことに以前ほど部屋は荒れないのです。おそらく、ちょこちょこと片づけることが習慣として自然と身についてくるからでしょう。「掃除しなくても別にいい」と認めると、かえって片づけに対する意識が高まるものです。その結果、本人は掃除をしている意識はなくても、実際には以前にくらべて片づくのだと思います。

気合いを入れない。
がんばりすぎない。
無理にものを捨てようとしない。
自分のできるところからやる。
完璧にキレイにしなくていい。

けっこうゆるいと思いませんか?
でも、これでいいのです。
そんなところからはじめてみてください。

とりあえず、やってみる。
そして、少しでも部屋がキレイになったら、行動した自分をおおいに認めてあげてください。

今すぐ、お金をかけずにはじめられます！

ものは捨てなくていい。
片づけようとしなくていい。

その次に私がお伝えしているのは、

特別な道具は必要ない。

ということです。

私は指導にうかがう際、道具を何も持って行きません。掃除に必要とする特別な道具は、何ひとつないからです。その家にある道具だけで掃除します。

たいていはぞうきんを使用しますが、もしそれがない場合には、衣類のきれっぱしやいらないTシャツを切って使います。普段のぞうきんも、使い古しのタオルです。

それさえもなかったら、「素手」で十分です。キッチンの油がついているか所などを手でこすると、これがけっこう取れるんですよ。

このように、構えずに自分のできる範囲でやればいいのです。

本当は何か私ならではのスペシャルグッズがあったほうが、みなさんをアッと驚かせることができるのかもしれません。「道具は何でもいい」って、地味ですよね。

掃除をはじめる際には、まず、自分の家にあるものだけを使ってやってみましょう。そして、「もう少し必要だな」と思ったら、新たな道具を取り入れてください。

掃除をする前に、「これがいるのではないかな?」とか「これがあったらいいかな?」と推測して、**「まず道具から入る」のはダメ**です。

テレビで「これは便利!」と言っているのを見たり、雑誌で「このアイテムは必須!」などと書かれているのを読んだりして、先回りして買ったとしても、実際には使わないことがよくあるからです。自分の行動なしにグッズを取り入れようとすると失敗することが多いのです。

まずは自分が今持っているもの、できる範囲の中でやってみること。

そして、「これがあったらもっと便利だな」「欲しいな」という欲が出てきたら、そこではじめて新しい道具を購入しましょう。

自分が心から必要だと思って手に入れたものは、確実に使います。

そうやって、自分のできることからやっていくと、長続きします。掃除が自然と習慣化され、そして安定するはずです。それに、不要な道具によって荷物が増えることもありません。

まずは、今、家にあるものだけを使ってはじめてみてください。

「100%ADHD」と言われた私でもできたこの方法

はっきり言って、誰でも片づけることはできます。

これは断言できます。

なぜなら、**私自身、片づけができなくて、かつてはいわゆる「汚部屋《おべや》」に住んでいた張本人**だからです。


当時の私は、「部屋なんか荒れていてもいいんだ。部屋が汚くったって、別に生きていけないわけじゃないし。掃除なんかはっきりいって時間のムダ！　だからやる必要なんかない。そんなことをする暇があるくらいなら、もっと自分の利益になることをやったほうが絶対いいに決まっている！」

それくらいに思っていました。

そんな自分が今では片づけの仕事をしているのですから、人生って何が起こるかわからないですよね。

当時の私の部屋は、それはもうひどいものでした。

そのときは、引っ越し屋の仕事をしていて、現場ですさまじく荒れた部屋をいくつも見てきましたが、私の部屋はそれと同じ、いや、そのはるか上をいっていたのです。とにかく、ものが散乱していました。

机の上には書類やダイレクトメールの山、食器やカップなどが所狭しと散らかり、床には本や服が何重にも積み重なって、足の踏み場もないほどでした。

そんな経験のある私なので、部屋が汚くなる気持ちはよくわかります。


ところで、部屋が片づけられないことの原因として、「ＡＤＨＤ」が挙げられることもありますね。いわゆる「発達障害」と言われるもののひとつで、日本語では「注意欠陥多動性障害」とも訳されます。

そして、私はかつて「あなたは１００％ＡＤＨＤです」という判定を下されたことがあるのです。「あなたは片づけられない」という烙印《らくいん》を押されたようなものですよね。

でも実際、私は片づけができます。それどころか、今では片づけを自分の仕事にさえしています。

もしかすると、本質的には片づけは苦手なのかもしれませんが、**片づけなくて済む行動、習慣を身につけているので、結果的に部屋をキレイに保てる**と言えるかもしれません。

こんな私でも片づけができるのですから、ちょっと安心しませんか？

そう、汚部屋経験者で、１００％ＡＤＨＤという判定までもらった私が片づけられるのですから、あなたにもきっとできるはずです。

「心の穴」を埋めるためにものは増えていく

この片づけ法は、私が実際に試行錯誤を重ねて「これならできる！」と思ったものです。

まだ汚部屋に住んでいた当時、私は心理学の学校に通っていて、スケジュールを比較的自由に調整できるという理由で引っ越し屋のバイトをしていました。

心理学を一通り学び終えたあとに、引っ越しで訪れる現場を見てみると、**「部屋の様子とそこに住む人の心理状態にはつながりがある」**ということに気づいたのです。

そこで自分の部屋を見直してみると、ものすごく汚い……。離婚した家の荒れている部屋よりもさらにひどいことを知って、がく然としました。

「あれ？　私は心理学で心を豊かにする方法を学んできたはずなのに、自分の部屋はとても豊かとは言える状態ではないな。これって、おかしくないか？」

「心と部屋の状態はつながっている。もし、心をスッキリさせたいのならば、自分の部屋も少しは見直すべきなのではないか」と考えたのです。

けれど、どうやって片づければいいんだろう？

まだいい片づけ方を知らなかった私は、まずは「ものを捨てるに限る！」と考えました。そして、部屋にあるものをかたっぱしから捨ててみることにしたのです。

そうしたところ……、たしかにスッキリしました。そして、たしかに捨てても問題ないもの、なければないで済むものもありました。

けれど、一方で、ないと生活に支障をきたすもの、日常に欠かせないものまで一緒に捨ててしまっていたのです。「あ、あれもないのか、困ったな……」というような事態に陥りました。

そこで、**ただ単に「ものを減らせばいいというものではない」と気づいたのです。**捨て方も考えたほうがいい、ということを学びました。

ところが、しばらくすると、なぜかふたたび部屋が荒れはじめたのです。以前にくらべて必要ないものは確実に減っているにもかかわらず、です。

「なぜだろう？」と部屋を見回してみると、なんと、私の交友関係に原因があることがわかってきました。捨てられるものは捨てたにもかかわらず、私の部屋にはあるものが増えていたのです。

それは「本」でした。

当時、私には心理学スクールで出会った勉強仲間がいました。彼らは非常に勉強熱心で、数多くのセミナーに参加していました。

そして、私にも声をかけてくれることが多かったのです。私は自分からはすすんでセミナーに行こうとは思いませんでしたが、別に断る理由もないので、「誘われたらとりあえず参加してみる」ということを繰り返していました。

行くたびにセミナーのテキストや資料が増えていきます。それだけでなく、仲間から「これはおすすめ！」とか「これは読んでおいたほうがいい！」と渡された本も数多くありました。それらは結局一度も読まないまま、着々と部屋に積み上げられ、それらが結果として部屋が荒れる原因になっていったのでした。

「一度も読まない本や、『誘われたから』ととりあえず参加するセミナーは、本当に自分に必要なものだろうか」。そう思い直し、それ以後は誰かに誘われてもセミナーに行くのをやめました。すると、不必要な本が増えることもなくなり、次第に部屋がスッキリと整うようになっていったのです。

それから、自分にとって何が必要か、何を大切にしたいのかを徹底的に見直していくようになりました。人からすすめられたものではなく、「自分が大事にしたいもの」「自分のよさが出るものは何か」を考えるようにしたのです。

そうすると、自然と「自分を大切にしたい」という観点が生まれてきました。それとともに、自分にとって本当に価値のあるものを取り入れ、自分を大事にする行動、自分をいたわる行動が取れるようになってきたのです。

自分を大切にするようになると、仕事も人間関係もとても順調になり、以前のように部屋が荒れることもなくなりました。

自分の思考と行動が変わったら、部屋が散らからなくなった、というわけです。

ここでご紹介している片づけ方は、自分と自分の部屋を「実験台」にして考案したものです。汚部屋から脱出し、さらには片づけることを生業《なりわい》にまでできるようになった私の方法ですから、どなたにでも簡単にできると思います。

第２章

私が見てきた、いい部屋、ダメな部屋

元から汚い部屋は、ありません！

どんな方の部屋でも、住みはじめたころは必ずキレイだったはずです。引っ越して間もないころのあなたの部屋を思い浮かべてください。余計なものがなく、スッキリとキレイに整った状態ではありませんでしたか？　あるべきものがある場所に収まっていて、床もピカピカで……。まさに理想の部屋だったのではないでしょうか。

このように、どんな部屋でもはじめはキレイな状態からスタートしているものです。元から汚い部屋などありません。はじめはみんな整った部屋だったのです。つまり、「キレイな部屋」こそがスタート地点にあるというわけですね。

「部屋をキレイにしましょう」と言うと、「もともと汚い部屋をキレイにする」と考えがちですが、本当は違います。

正確には、**「元はキレイだったけれど、一時的に汚くなった部屋を元の状態に戻す」**のです。

人はつい、「散らかっている部屋をキレイにしよう」と考えてしまいがちです。

「散らかっている部屋」をスタート、「キレイな部屋」をゴールと考えると、「散らかっている洋服をいったい何枚片づけたら、ゴールにたどり着くのかしら？」と想像し、なんだかとてつもなく遠い道のりであるように感じて、やる気も萎《な》えてしまいます。

けれど、「キレイな部屋」を起点に、そこにいかに戻していくか？　近づけていくか？を考えると、道のりはもっと近くに感じられるのではないでしょうか。なぜなら、元の状態に戻すだけなのですから。

このように、片づけとは、散らかっている部屋をキレイに「変化」させるのではなく、**一時的に散らかってしまった部屋を「元通り」にする**ことを言います。

一歩進めて「進化」させていく、と言ったほうがいいかもしれません。

「変化」と言うと、今まで悪かったものをよくする、現状を否定するような意味合いがありますが、「進化」は「今までより、さらによくなる」という意味合いが強いです。現状を認めたうえで、よりよくなるイメージがありませんか。ダイヤモンドの原石をどんどん磨き抜いていくような、そんなイメージです。

元から汚い部屋はひとつもありません。

あなたの部屋も、元のキレイな状態に戻してあげましょう。

キレイな部屋より、帰りたくなる部屋を目指す

先に、心地いい環境をつくることを目指しましょう、とお話ししましたが、自分の家、部屋というのは**「自分が最終的に帰るべき場所」**だと思うのです。

たとえ、どこに旅立っても、どんなに疲れていても、そこに戻ったら気力も体力も回復して元気になれる場所、というような感覚でしょうか。

日本の童話、たとえば「桃太郎」や「金太郎」をはじめとする昔話では、英雄が悪者と戦ったあと、宝物を持って故郷に帰りますよね。まさに「故郷に錦を飾る」という状態です。

ヒーローもがんばったあとには、「お疲れさま！　よく頑張ったね。ゆっくり体を休めてね」と言ってもらえる場所に戻るのです。戦って功績をあげるのには、戻ったときに自分をしっかりと迎えてくれる場所がある、という前提があるからだと思います。

そして、自分が戻れる場所をつくることこそが、部屋づくりだと私は考えます。

最近は、モデルルームのような、何もなくてスッキリした状態こそが「いい」部屋で、ちょっとでも散らかっていたら「ダメ」という認識が刷り込まれている人がとても多いようです。たしかに部屋がキレイなのはいいことですが、必ずしも「キレイであればいい」というわけではありません。

私が片づけをお手伝いしたある女性は、まるでモデルルームのような部屋に住んでいました。

インテリア雑誌の常連で、言ってみればみんなの「お手本」になるような部屋です。四季折々に部屋のイメージを変えて模様替えをするなど、インテリアにはかなり手をかけているようでした。

ところが、その方には悩みがありました。

「実は……部屋があまり好きではなくて。家に帰りたくないんです」

と言うのです。みんなが憧れる部屋に暮らしているというのに、です。

部屋にいたくないから、特に予定がなくてもわざと寄り道や外出をすることも多く、なるべく家の滞在時間が少なくなるようにしていると言います。

みんなが憧れる部屋に暮らしていて、決して散らかっているわけではありません。むしろかなりキレイな部類に入るのではないでしょうか。にもかかわらず、自分の部屋が好きになれないのです。

彼女は、「家にいても、なんだか落ち着かなくて……」と言います。聞けば、これまで自分が心地いいと思った部屋に住んだ経験が一度もない、ということでした。

片づけの手掛かりになればと思い、部屋のこと以外の悩みも一緒に聞いてみると、恋愛関係がうまくいかない状態が長く続いていると打ち明けてくれました。

「この人は……！」と思う相手と出会って、つき合うところまでいっても、しばらくすると、「なんだか思っていたのとは違う」と感じて、長続きすることなく別れてしまうようです。パートナーになかなか心を許せない、自分の本音を出せない、と言うことでした。

過去にさかのぼって話を聞いてみると、こんなことがわかりました。

彼女は、常に母親から「部屋はきっちり整えなさい」「誰に見られても恥ずかしくない部屋にしておきなさい」と言われ続けてきたそうです。そして、彼女は「部屋は常に人から見られる」という感覚で部屋の片づけをしてきたと言います。

その結果、彼女の部屋は「人からいい評価を得られるかどうか?」が基準になっていました。他人から見てステキな部屋、他人が憧れる部屋を目指していたのです。

その指標のひとつに「雑誌に掲載されること」がありました。雑誌で認められる部屋こそ自分の喜びである、と思い込んでいたのです。

そこには、「自分が気に入った部屋かどうか?」「自分がくつろげる部屋かどうか?」という判断基準はありませんでした。

そこで、私はこうお伝えしました。

「周りの目は一切気にせず、自分自身が心地いいと思える部屋をつくってみませんか?」

「人が認める部屋」をつくるのではなく、「自分自身が認められる部屋」をつくることを提案したのです。彼女には、「自分自身がどういう部屋にしたいのか?」を考えてもらうことにしました。部屋づくりで自分の思いとは違ったものを表現しているために、自分自身がしんどくなっているように私には見えたからです。

それに、「自分がこうしたい」という思いが決まらないと、自分の望むようなパートナーとも出会えません。なぜなら、部屋は自分自身を表現する一番の場だからです。そこを偽っていては、本当の自分を相手に見せることはできません。

その後、**彼女は安心して自分の素が出せるような「自分らしい部屋」**をつくることを心がけました。人から見た「ステキな部屋」ではなく、自分が本当に心地よい空間をつくるようにしたのです。

部屋の壁はスッキリ見えるように、何も飾らないようにしていたのですが、自分の趣味に合ったポスターや、「見ていると気持ちが上向きになる」というものを飾ってみたそうです。

それから、寝室やデスクまわり、浴室、トイレなど、ポイントに自分の「好き」をプラスしました。オシャレさはなくなりましたが、自分の好きなものに囲まれているので、安心感やワクワク感に包まれるようになったと言います。

その結果、インテリア雑誌には載らなくなりましたが、彼女にとっては落ち着く部屋になり、家にいる時間が増えたといいます。かつてのように、意味もなく外出したり、寄り道したりすることもなくなりました。

さらには、心を許せるパートナーと出会い、彼女の家で一緒に過ごすなど、今まではない人間関係が生まれたのです。

よく考えてみたら、彼女はインテリア関係の仕事をしているわけではないので、雑誌に載ったからといってそれが仕事につながるわけでも、お金になるわけでもありません。「それは単なる自己満足にすぎなかったのだ」ということに彼女は気づいたそうです。

このように、たとえ雑誌に載るようなステキな部屋ではなくても、たとえ、少しくらい散らかっていたとしても、**自分がくつろげる空間、「自分がこうしたい」という気持ちが反映されている部屋のほうが、暮らしやすい**ということです。

自分が「こういう部屋がいいな」と思う気持ち、そして「家に帰りたい」と思える部屋づくりをどうか忘れないでください。

あなたがゆったりとくつろげるのは、どんな部屋？

散らかっていても部屋に罪はない

よく「部屋が汚くて」というような表現をしますね。

けれど、「部屋が汚い」のではなく、正しくは**「部屋に住んでいる人たちの過ごし方によって、部屋が汚くなっている」**のです。

「部屋が汚い」と言うと、「汚いのは部屋のせい」といった印象を受けますね。でも、部屋にはまったく罪はありません。部屋を1人の人間のように考えてみると、実はすごい存在であることに気づきます。

どんなときも、何も言わずにあなたを迎え入れてくれます。「今日は機嫌が悪いから、部屋に入れてあげない」ということはないですよね。

それに、台風のときも、梅雨のときも、雪が降る日も……どんなときも雨風から私たちを守ってくれます。暑い日には涼しい状態で、寒い日には暖かい状態で、私たちを受け入れてくれます。このように、部屋は懐《ふところ》広く、心優しい存在なのです。

そんな部屋に、あなたも愛情を持ち、部屋が喜ぶような状況をつくってあげてみませんか。

それでは、部屋が喜ぶ状態とは、どのようなものでしょう？

決して、ほこりや汚れが溜まっているような状態ではないですよね。

掃除をしないのは、お風呂に何日も入れてあげていない状態と同じと言えるかもしれません。部屋を喜ばせてあげるためにも、体を洗うような感覚で、部屋を磨いてあげましょう。

掃除をする際、私は何よりも「床磨き」をおすすめしています。

掃除機をかけてもほこりがなかなか落ちない場所も、ぞうきんで磨くとスッキリ落ちます。それに、身体を使って拭くので、掃除をした！　という達成感も強く得られるし、皮膚感覚で触れていくので、部屋の声を直《じか》に聞くことができます。

詳しい磨き方については、１７７ページでご紹介したいと思います。

床磨きが習慣になっていくうちに、床の輝きを間近に見ることが快感になってきますよ。

住み方でわかる、その人の「心のうち」

部屋は、住んでいる人の今の心の状態だけでなく、「考え方」「思考」なども教えてくれます。

これは私が引っ越し屋に勤めていたときの話です。

あるとき、会社の社長さんのところにうかがいました。私は引っ越し作業を行ないながら、勉強のために依頼者の方と積極的に会話をするよう努めていたのですが、そこでその社長さんの悩みを知りました。「会社にいい人材がちっとも入ってこない」と言うのです。

その方の部屋を見てみると、なんとなく雑然とした印象を受けました。

社長さんのお宅にふさわしいような高価な家具や調度品が数多く並んでいるのですが、ちょっとちぐはぐな感じがしたのです。江戸時代の焼き物の隣に、なぜかルイ何世かの時代のフランス製のアンティーク家具が並んでいたり、印象派の有名な画家が描いた絵が飾られていたり……。もちろん、1つひとつはすばらしいものなのだとは思うのですが、なんというか、統一感がまったく取れていなかったのです。

「自分が好きなものだから」「好みに合っている」という基準で選んでいるというよりも、「値段が高いから」とか「有名だから」「人気があるから」といった**世間的な評価を基準に選んでいる**ような印象を受けました。

そして、「ものを大切に扱っていないな」とも感じました。引っ越しの梱包作業をはじめると、最初は、「それはとても高いものなんだから、丁寧に扱ってね」と言っていたのに、しばらくすると、「そんなにノロノロと作業していないで、さっさと早く運んでちょうだいよ！」と言い出したのです。ちょっと矛盾していますよね。

きっと、ものを扱うのと同じように、自分の会社の部下も扱っていたのでしょう。「どういう基準で人を採用されているのですか？」とたずねたところ、学歴や経歴、それと第一印象で選んでいる、とのことでした。それを聞いて、「ああ、表面的な部分だけを見て、採用しているのだな」と思いました。そして、実際に採用すると、その人を教育することもなく、ミスをしたら即減点、自分と意見の違う人間はダメ、最終的に使えないと思ったらクビにする、ということを繰り返しているようでした。

その結果、その人の周りには、仕事ができる人ではなく、社長さんの「言いなり」になる人物だけが残っていったようです。

そのようなところが、部屋の雰囲気からも見て取れました。

世間的な評価を基準に採用し、自分のものにしたら大切に扱わない。ものに対しても、人に対してもそのような考えを持っていることがわかったのです。

このように部屋にはその人の考え方、思考までもがはっきりとあらわれます。

あなたのお家はどうですか？
ものを大切にしていますか？
そして、人を大切にしていますか？

一度、そういう目で部屋を見渡してみましょう。そこから、何かが見えてくるかもしれません。

離婚家庭に共通する「散らかり方」って？

家族やパートナーなど、身近な人との関係がうまくいかなくて、心の中でモヤモヤが溜まっているときなども、部屋は荒れます。

引っ越し屋時代には、離婚家庭や仲のよくないカップルの部屋を数多く見てきましたが、いずれも共通する点がありました。

それが「荒れている」という点でした。

「散らかっている」というよりも、「荒れている」という言葉がふさわしい状態です。服も散乱していますし、床が見えない場合も多いのです。いわゆる「汚部屋」ですね。どこにも行き場のないようなものたちであふれているのです。また、部屋の雰囲気がギスギスしているようなところがありました。

それから、化粧品がなぜか食卓のテーブルの上に置いてあったり、歯ブラシがキッチンにあったりするなど、本来あるはずのないものがあるはずのない場所に置かれていて、なんとなくちぐはぐな印象を受けました。

あるお宅では、こんなことがありました。

引っ越し当日にうかがったのですが、玄関のドアを開けてびっくり！

引っ越し準備がなんにもできておらず、床一面に服が散らばった状態だったのです。

事前に送ってあった段ボールも組み立てられることなく壁に立てかかったまま。その状態に驚きながらも、次の仕事が控えているので、とにかく早く済ませることだけを考えました。

本来は、梱包から引っ越し業者が担当する「おまかせパック」でなければ、ものが梱包された段ボールを運ぶだけですが、そうも言っていられません。段ボールを組み立て、ものを詰めて運ばせてもらうことにしました。

次から次へとガンガンものを段ボールに入れて、トラックに積み込んでいきました。ふと見ると、寝室の床に服がこんもりと盛り上がっているところが。「これも全部運ぶのかあ。ずいぶん荷物が多いな……」と途方に暮れながら、荷づくりを続けていたときのことです。

服の塊《かたまり》の中から「ガサガサ」という物音が……。

「なんだろう？　ゴキブリ？　ネズミ？　どちらも嫌だなあ。困ったな」とドキドキしながら立ち尽くしていたところ、服の山が突然動いて、中から出てきたのは、ゴキブリでもネズミでもなく……人でした！

「わ〜！　なんか、人が出てきた！」と叫んだら、「それ、うちのオカンですわー」って。その家のお母さんが服の下に埋まっていたのです。

おそらく、お母さんが床で寝ていたところに、上から服をぽんぽんと放り投げていったら、いつの間にかお母さんの姿が見えなくなり……、ということなのでしょう。

これまで、数々の家を見てきましたが、まさか服の山から人が出てくるとは思いませんでした。

とまあ、ここまでの例はなかなかありませんが、仲の悪い夫婦やカップルの家は荒れていることが多いのです。

逆に、**「離婚したい」と思っていた夫婦が、部屋を整えていったら関係が修復し、**

ヨリを戻したというケースもあります。

部屋をキレイにしていくうちに、次第に相手のよさが見えてきたり、実は相手のことをきちんとわかろうとしていなかったことに気づいたりするのです。

そして、お互いがお互いのことを思い合い、意見を言い合うようになったら意思疎通をはかることができた。最終的にはヨリを戻す結果に、ということもけっこう多いのです。

このように、**部屋は人間関係さえも左右する力があります**。

家族との仲が今ひとつだな、と思っている方、夫婦仲がちょっとギスギスしているな、と感じる方、一度、部屋を見てみてください。部屋を整えることで、関係性が変わってくるかもしれませんよ。

ちなみに、離婚家庭の中には稀《まれ》ではありますが、「キレイすぎる部屋」というケースがありました。

まるでモデルルームのようにものがビシッとキレイに置かれているのです。きちんとしすぎていて、1ミリたりともそれらを動かしてはいけないような、そんな妙な緊迫感があります。そこには、「生活感」というものが一切流れていません。あたたかみがないというか、部屋が生きていない感じがするのです。ですから、どこか寂しい印象を受けます。家族が生活するうえで必要な場として、部屋が機能していないようにも思えました。

そう考えると、部屋はキレイであればいい、というわけではないのですね。

住み心地のいい家、帰りたくなる家をつくることが大切だと私は思います。

「キレイ好き&片づけ下手」カップルは要注意！

何かしら問題を抱えているご家庭を見ていると、片方がキレイ好きで、もう片方が片づけられない、というケースがほとんどです。

たとえば、ダンナさんの部屋はキレイだけれど、奥さんの部屋は荒れているとか、その逆もあるでしょう。そして、片づけられる人が、片づけられない人を責めてしまう。責めるから仲が悪くなるという構図が一番多いのです。

キレイ好きの人には責めている感覚がないので、相手がなぜ怒り出したのかを理解できないといったところがあります。

「え、なぜ急に怒り出したの？」と不思議に思うのですが、相手にしてみたら衝動的に怒ったわけではなくて、我慢に我慢を重ねた末の、積もり積もったものが火山の噴火のように吹き出しただけなのです。

実際、キレイ好きの人の周りにいる家族がウツになるケースは本当に多いです。

キレイ好きの人が「お前は片づけができない、片づけができない」と言い続けるうちに、家族は「自分は片づけができないんだ。片づけができない自分はダメなんだ」と頭の中に刷り込まれていきます。

そのうちに、だんだんと自信を失い、「自分は誰からも必要とされていないんだ」と感じてしまい、最終的にはウツ状態になる、ということがあるのです。中には引きこもってしまう方もいます。

キレイ好きの人にとって、**「キレイにする」という行為は、言い換えると「汚いところを見つける」行為**です。

また、自分こそが法律なので、その考えを人にも当てはめてしまいがちです。だから、「自分が正しい。お前はダメだ」と相手を否定し、相手のよくないところを、まるで重箱のすみをつつくように指摘し、ダメなところをクリアにしようとするのです。

相手の悪いところを見つけては、「まだ悪い」「まだ汚い」と言い続けるため、相手は自分の価値観を否定されるばかりでどんどん萎縮《いしゅく》してしまい、ついには弱ってしまったり、つぶれてしまったりします。

ご夫婦、もしくはカップルのどちらかがキレイ好き、もう一方の方がそうでない場合には、ちょっと注意が必要です。

大切な人との仲を保ちたいなら、キレイ好きの方は相手を責めすぎないでください。片づかないタイプの方は我慢し続けないほうがいいですよ。

片づけるのが苦手な方を片づけ好きにする方法は、第6章でお話ししますので、参考にしてみてください。

ちなみに、どちらもキレイ好きのカップル、またはどちらも片づけられない、というカップルの場合には、問題を抱える割合は低いようです。

片づけられない人に共通する性格とは……？

先ほど、部屋からその人の性格や思考がわかるという話をしましたが、片づけられない人には、主に次のような特徴があります。

自分より相手を優先しがち

「他人」を軸に考えているので、自分の意見を曲げてでも人から言われたことをやろうとしがちです。

誰かのため、世のため、社会のためを考えている人が多く、世界平和のためにNPOを立ち上げて活動していたり、ボランティア、カウンセラー、セラピストなどをしていたりする人も。

人が喜んでいるのを見るのがうれしいと感じることも多く、困っている人がいたら真っ先に助けに走るタイプです。

ただ、意識が外へ向いていくあまり、自分をおろそかにしがちです。度が過ぎると、「自分の意見はないの?」「あなたは何をしたいの?」と言われることも。自分の考えがあまりないので、周囲の意見に振り回されることも多いでしょう。何かを決める際も、他人の顔色をうかがうことが多いです。

忍耐力があり、我慢強い

片づけられない人は、実は忍耐力があります。ですから、いくら責められることがあっても、ギリギリまで耐えます。けれど、そのラインを超えると、あるとき爆発することがあります。

外向的、人づき合いがいい

人とのつき合いがよく、人間関係もうまくやっていけるほうです。人からの誘いは断りませんし、人から頼まれたことはすすんで引き受けます。義理堅い部分があり、人からのいただきものを捨てるのは不義理にあたる、と考えるところから、ついため込んでしまう傾向も。

待ち合わせに遅れがち

ギリギリで行動しがちなため、時間に余裕を持てず、人との待ち合わせにも遅れがちなところがあります。出かける前に探し物などをして、時間を取られる方も多いのではないでしょうか。

度胸がある

新たなる一歩にも果敢にチャレンジできるところがあります。いざという時には度胸があり、心理的にはけっこう強い一面を持っています。

このほかに、部屋にものが多い人は「過去」の経験や考え方に固執《こしつ》していることが多いと言えます。過去に自分が身につけてきたことや親から定められた考え方、いわゆる「前例」を基準にしてしまいがちです。

また、何か心が満たされていない場合も、ものが増えやすい傾向にあります。友人や職場、家族の問題やストレスをひとりで抱えているなど、心の中にモヤモヤしたものがあるかもしれません。

けれど、裏をかえせば片づけられない人は「相手を許すことができる器の大きい人」と言えます。

それに、忍耐力や打たれ強さも持っているので、果敢に新しいことにチャレンジし、大きなことを成し遂げる可能性を秘めた人が多いのです。

では、続いて片づけ好きな人の特徴も見ていきましょう。

片づけ好き、潔癖症気味の人は意外と臆病!?

片づけ好きな人、潔癖症気味の人は、一般的に次のような傾向が見られます。

「自分」軸を持っている

自分の考え方をしっかり持っていて、「自分はこうしたい」「こうありたい」というビジョンが明確にあります。

意識が常に自分に向いており、「自分」を軸に考えている。潔癖の度合いが強くなればなるほど、その傾向も強くなります。

完璧主義

何かを達成する能力に長けていて、自分が決めた目標を、きちんと完璧にこなすことができます。片づけをする場合も、チリひとつない状態にしないと気がすまない、ものがいつも置かれている場所から少しでもずれると気になって仕方がない、といったところも。片づけと同じように仕事を完璧に遂行できる力があり、仕事ができる人も多いです。

自己主張が強い

自分を強く持っているところから、「自分の思っていることは常に正しい」「自分と他人は同じであるべき」と考え、周囲の人にも自分の考えを強要しがちなところがあります。

自分の意見とほかの人の意見が異なると、相手を攻撃して排除したり、その考えを徹底的に否定したりすることも。自分に意識が向きすぎて、他人への配慮が足りないこともあります。このため、上司になると部下が育ちにくいことも多いでしょう。人間関係に問題を抱える人も割と多いかもしれません。

時間に正確

きちんとしていることを好むので、時間にも常に正確で、待ち合わせに遅れることはめったにありません。電車が遅れることを想定して、予定時間の20分以上前から待っていることもあるでしょう。

物事に白黒つけたがる

なんでもきちんと片をつけようとするため、すべてにおいて「どちらが正しいか間違っているか」「〇か×か」と決着をつけようとするところがあります。明確な答えが出ないことを嫌う傾向があるようです。

また、はっきりしない人を見るとイライラすることも多いでしょう。

意外と臆病

確固たる自分がいる分、新たな一歩を踏み出すことをためらいがちな一面があります。自分の範囲内、自分の価値観の中では全力で動くことができるけれど、それ以外のところでは動けなくなってしまうのです。

自分の深いところにまで踏み込まれるのを嫌い、他人に一定の距離より近づかれないようガードしがち。このため、恋愛がうまくいかない、結婚できない、結婚しても離婚するケースも多いようです。

いかがでしょうか。

片づけが苦手な人、好きな人の特徴に当てはまるところはありましたか？当てはまりすぎて落ち込んでしまったという方も大丈夫。これからお話しする片づけの方法を少し取り入れるだけで、思考もどんどん変わっていきますよ！

第3章

片づけは「1か所」だけでうまくいく！

今から、ものを捨てずに片づけをしてください

では、この章からは実際に片づけの方法をご紹介したいと思います。

でも、その前にひとつ約束をしてください。

それは、**「無理にものを捨てようとしない」**ということです。

いいですか？


「捨てなければ！」という強制力がかかると、片づけるのがしんどくなるばかりです。

これからご紹介する片づけ法をやっていくうちに、もし今の自分に必要のないものであれば、自然と「これはいらないな」と、気持ちが勝手に手放す方向に向かっていきます。

自分でそう思えたときに、ものを手放せばいいのです。もし「手放したい」と思えないようでしたら、手放さなくてもまったく問題はありません。

大事なのは、1つひとつのものを大事にしよう、と考える気持ちです。

基本は「持っているものはすべて大事なものなんだ」という視点で見ていってください。

それでも自然と、「これはこの棚には置きたくはないな」「もうクローゼットには戻したくないな」「今の自分には必要がないな」と感じるものが出てくるはずです。

ものを減らそう！　ものを捨てよう！　と意気込まずに片づけに取り組んでみましょう。

絶対にリバウンドしない方法を教えます

ところで、最近は、片づけ代行サービスなども盛んですよね。「あなたに代わってお部屋をキレイにします」という、お掃除のプロの方々です。

そういう片づけ業者さんから、次のような話をよく聞きます。

「依頼を受けて、掃除に行くのですけれど、キレイにして帰っても、1、2か月後にふたたび同じお宅を訪れると、たいていは元の汚い状態に戻っているか、むしろ前よりもひどくなっているんです。それっていったい、何でなのでしょうね？　まあ、こちらとしては稼ぎになるからいいんですけれど……」

どうやら、プロの方々が部屋を掃除してキレイな状態にしても、それがまったく維持されないばかりか、前回以上に散らかるようなのです。

業者さんがキレイにする↓前より汚れる↓また業者さんがキレイにする↓前より汚

れる……

という負のスパイラルが繰り返されるのです。

では、なぜキレイがキープできないのでしょう？

それはずばり、「自分自身が行動を起こしていないから」です。

自分で「ここはこういうふうにしよう」「ここをもっとキレイにしよう」と判断して動くことが大事なのです。

そこで、みなさんにはじめにやっていただきたいのが、**「自分」を起点にして、自分がつくりたい状況をまず考える**ということ。

その理想の場をつくっていくプロセスが、いわゆる「片づけ」と言われるものなのです。自分が「キレイにしよう！」と判断し動くことが、部屋のキレイをキープすることにつながるというわけです。

実際、私がお家にうかがってやることといったら、相談者の方の話を一通り聞くことと、磨くことくらいです。

お掃除の段階になったら、「では、あとは好きにやってください」とお伝えして、ご相談者の方主体で作業をしていただきます。私はただひたすら磨いているだけです。

でも、他人が掃除をするのではなく、自分が主体となって掃除をするほうが確実にキレイになりますし、キレイも維持できます。

もしこれまで他力に頼ろうとしていたのなら、これからは「自力」でやってみてください。そのほうがキレイになりますし、お金もかからないので一石二鳥ですよ。

時間がなければ、まずは財布、カバンの中から！

もし、「部屋の掃除をするのはちょっと面倒だな」とか「ハードルが高いな」と感じている方がいたら、無理してやる必要はありません。

まずは、財布やカバンをキレイにすることからはじめてみましょう。

財布やカバンのほうが小さいし、ものも少ないから、すぐにキレイになりますよね。

部屋と財布やカバン、一見、何の関連もないように思えますが、これがおおいに関係あり！　なのです。

財布やカバンの掃除は、小さな範囲のものを出し入れする練習になります。

実際、カバンの中がぐちゃぐちゃな人、財布がパンパンにふくらんだいわゆる「ブタ財布」の持ち主は、部屋も汚れていることが多いです。

たとえば、旅行に行く際、カバンにあれもこれも詰め込んで持って行く人がいますね。「何もかも、自分で全部持って行かないといけない」と考えている人です。片づかない人には、このようなタイプが多いです。

片づけができるようになると、「ドライヤーは持って行かなくてもホテルにあるな」とか「寝巻きは旅館の浴衣を使えばいいな」など、自分ですべて持って行くのではなく、ほかのところにあるものを活かしていこうという発想が生まれてきます。

また、現地には何があるか？　持って行かずに済むものは何か？　など、情報を事前に調べる能力もついていきます。

財布ならば、こまめに領収書やレシート、ポイントカードなどを出しましょう。私は小銭入れに領収書を入れているのですが、すぐに溜まってしまうので、パンパンに膨らむ前に経理担当者に渡しています。

ポイントカードなども基本的にはつくりません。持ち歩いているのは、よく行くガソリンスタンドのものなど、ほんの数枚のみです。

お店に行くと、「ポイントカードをおつくりしますか？　お得ですよ」と言われることが多いですが、それほどよく利用する店でない場合には、「けっこうです。カードはいりません」とお断りします。

私にとっては、**たまにしか行かない店のお得よりも、財布がスッキリした状態を保つことのほうが大事**だからです。

また、小さな範囲の片づけは、考え方を整理する練習になります。

カバンなどは、改めて見直してみると、いかに「めんどくさいからとりあえず入れておこう」と考えている場所かがよくわかります。

たとえば、食べ終わったガムの包み紙や、使って捨てるところが見つからなかったティッシュペーパー、街でもらったダイレクトメールなど……。また、「いつか使うかも」と思いながら、結局は一度も使用していないものなども意外と入っていたりします。

そういう、言ってみれば雑な行動を見直すきっかけにもなりますし、行動を客観視することは、部屋を片づける際にも使えるワザです。

財布やカバンがキレイになることで、片づけの感覚が身につき、部屋の片づけもしやすくなります。

しかも、財布やカバンの中身がスッキリとシンプルになると、それに比例するかの

カバンの中を整理すると、考え方もシンプルに

ように考え方も確実にシンプルになります。

余計なものがそぎ落とされて、気持ちもモヤモヤが晴れたかのようにスッキリ楽になりますよ。

まずは小さなところからはじめてみましょう。これが基本です。

部屋をキレイにするなら小さなスペースからはじめますが、財布やカバンなどの小物からはじめることは、部屋の掃除にもおおいに役立つのです。

ちなみに、私は外出先から家に戻ると、まずカバンをキレイにすることからはじめます。カバンに入っているものをすべて取り出し、空っぽにします。

それから、携帯電話、財布、鍵、定期券、ティッシュケースなど、外出の際に必要となるものは机の上の「定位置」であるカゴに戻します。そして、カバンの中を拭き、汚れを落とすのです。

そして、次に外出する前に、あらためて必要なものをカバンの中に入れます。これを行なうことで、カバンの中は常にキレイを保てますし、必要なものは常にまとめて「定位置」に置いておくので、入れ忘れも防げます。

小さなものをキレイにできる、という「成功体験」を積み重ねていきましょう。

財布やカバン以外に、小物入れやポーチなどでもいいですよ。

1つできるようになったら、範囲を少しずつ大きく広げていく。それを繰り返していったら……いつの間にかいろいろなものがキレイになっていた！

そういったうれしい経験をしてみませんか？

財布やカバンの片づけは部屋を片づけるよりも時間がかかりませんから、気軽に取りかかりやすいと思います。

自分が片づけたいと思うところからはじめてみましょう。その小さな一歩が大きな変化につながります。

自分の一番長くいる場所がはじめに取りかかるべきところ

いざ、部屋の片づけをはじめよう！　と思っても、まずはどこから手をつけたらいいかわからなくて、戸惑うこともありますね。

そのうち考えるのがめんどくさくなって、「やっぱり片づけるの、や～めた！」と片づけをはじめる前にあきらめてしまう方もいるのではないでしょうか。

そういうときは、**自分が一番長くいる場所から片づけをはじめてみましょう**。

あなたがおうちの中で、一番長く滞在している場所はどこですか？

リビングにいる時間が一番長い、ということであれば、リビングから変えていきましょう。キッチンに長くいる、という方もいらっしゃるでしょうし、「自分の部屋」です、という方もいるでしょう。出入りの多い方でしたら、玄関もおすすめです。

まずは、ご自分にとって一番の生活スペースからはじめてみてください。

「どこからやったほうがいい」という決まりはありません。

自分が一番長くいる場所は人それぞれですから、自分に合ったところから手をつければいいのです。

よく目に触れる場所をキレイにすると、「ああ、キレイになったな！」という実感がより強くわいてきて、モチベーションが高まりますよ。

「1点」をキレイにするだけで、部屋の空気感が変わる

どこから掃除をはじめようか、決めましたか？

ここでは、たとえば「リビング」からはじめよう、と決めたとします。

では、次には何をすればいいでしょうか。

つい陥りがちなのが、あれもこれも、全部キレイにしなきゃ！　と焦って手を出すことです。でも、一度にすべてをキレイにしようとしてはいけません。

まずは、1か所。1点だけキレイにするのです。

「1か所キレイにするだけで、本当に部屋は片づくの？」と心配になるかもしれませんが、いいんです！

まずはどこでもいいので、ある「1点」だけキレイにしてみましょう。自分がメインで過ごす場所、一番よく目に触れる場所を選んでみてください。

たとえば、居間にあるこのテーブルだけ、このちょっとした一角のスペースだけ。そこだけは常に整えておく、という状況にします。

ポイントは、**とにかく何もない状態を保つこと。何もない「空間」をつくるという意識を持つ**ということです。

余計なものを置かない「空間が整っている」状態をまずは1か所つくります。そして、クリアなスペースをつくったら、そこをぞうきんなどで拭きましょう。

それだけで、すごくキレイになります。

そして、部屋の中のたった1点でもキレイにすると、それだけで部屋全体がスッキリして見えますし、空気感が変わりますよ。

やることはただひとつ！ １週間「１点だけ」をキープ

まず、1点をキレイにしたら、次の場所をキレイにしよう……と考えがちですが、その考えはちょっと待った！

次に進むよりも前にやることがあります。

その1か所をある一定の期間、安定してキレイをキープし続けましょう。**そこだけキレイに保つことができれば、ほかのことは何もできてなくても問題なし！** です。

たとえ、ほかの場所が散らかったままでもよしとします。

一度にいろんな場所をキレイにしようとすると、リバウンドのもとになります。でも、部屋の1か所だけをキレイに保つ**「1点キープ」**ならば、無理なく、気軽に片づけをはじめられるはずです。

たとえば、食卓のテーブルをキレイにする、と決めたなら、食事をするときや書き物をするなど、使用するとき以外は何ものを置かないようにします。

食事をしたあとは、お皿やランチマットはもちろん、調味料やコップなど、すべてのものを食卓のテーブルから移動させます。そして、最後に台ぶきんで拭きましょう。出かける前には、ものが何も乗っていない状態かどうかチェックします。場を整えてから外出する習慣をつけるのです。

この状態をまずは1週間キープできるようにしましょう。何度も繰り返しますが、「1点キープ」は、そこだけキレイにすることを心がければOKです。

キレイな状態で出かけると、帰ってきたときには当然その場はキレイな状態ですよね。場が整った、快適な状態で迎えられるのはとても気分がいいものです。

これが習慣化されると、意識しすぎなくても安定してキレイにできるようになってきます。定着してキレイをキープできるな、と思ったら、はじめて次のところをキレイにすることを考えてください。キープできる場を広げていくようなイメージです。

あくまでも、「片づける」のが目的ではなく、「いい状態をキープできる」ことが目的であることを忘れずに。「1点キープ」ができるようになると、ほかの場所もいい状態をキープしやすくなります。

部屋の「１か所」だけ。１週間キレイをキープ！

もし、**2か所に手を広げて、ちょっと難しいな、と思ったら、いつでも戻ってOKです**。また1か所だけキレイにすることだけ考えるのです。

一歩一歩、焦らずに整えていきましょう。

これこそが、楽しんで部屋を片づけるコツ、そしてリバウンドしないコツです。

おもしろいことに、「1点キープ」を続けると、ほかの場所の汚れに敏感になり、今まで気づかなかった汚れが目につくようになります。

先日私のところにいらした女性は、「食卓のテーブルにものを置かない」と決めて実行して数日後、トイレ掃除をしていたら、突然、これまで目につかなかった便器のふちの小さな汚れが目に飛び込んできたといいます。

このように、「1点を整えよう」と意識していると、自然とアンテナが伸びて、整っていないところに気づくようになるのです。

その方は、それ以来、「自分が今まで気づいていなかった汚れ探し」が楽しくなったそうです。

これまでは、「掃除をしなければ……。でも、いくらキレイにしても、すぐまた汚れるし。掃除しても意味がないのでは？」と思い、渋々やっていたのが、「あ、こんなところにも汚れが……！　自分の知らないところにある汚れを退治していくのって、けっこう楽しい」という気持ちに変わっていき、毎日の掃除が苦にならなくなったといいます。

とにかく、**まずは１週間、１か所だけキレイをキープする「１点キープ」を心がけましょう**。

これが習慣になると、グンと掃除が楽になりますよ。

片づけたところに、自分の「好き」をプラスしよう

ものが何も置いていない状態というのは、非常にスッキリして見えますよね。

そのような状態になったら、そこに自分の好きなものを置いてみましょう。

たとえば、お気に入りの花を飾ってもいいですし、ほかには、好きな絵や小物、写真などもおすすめです。自分のエネルギーがあがるようなパワーストーンを飾る方もいらっしゃいますね。

どれも、ごちゃごちゃとものが乱雑に散らばっている状態では埋もれてしまいますが、スッキリと整った場所には美しく映えるはずです。**自分が心地よいと思える空間をデザインしてみましょう**。

ご自分の写真を飾る、という方もいらっしゃいます。自分の最高の笑顔、ベストショットを常に目につく状態にしておくと、自然と「自分自身も整えよう！」という

気持ちになるようです。

よく自分がもっと太っているときの写真をあえて飾って、それを見るたびに「あのときのようにはならない」という気持ちを引き起こさせる、という方もいらっしゃいますが、それよりも「なりたい自分」の状態、「いいもの」を見てそこに戻すほうが、圧倒的にいい結果を得られます。

人間には見たものを真似る能力があるので、いいイメージをたくさん蓄《たくわ》えて、それに近づいていく性質を生かすのです。

憧れの人の写真を飾る、という方もいらっしゃいますが、片づけられない人の傾向として、逆に「憧れの人にはなれない自分」に気づいて落ち込んだり、「自分を捨てて誰か別の人にならなければ」というような感覚に陥ったりしがちなので、あまりおすすめしません。最高の自分を意識できるようなものを飾りましょう。

スッキリと片づいた場所にお気に入りのものを飾ると、そのよさが一層引き立ってますます好きになりますよ。

少しでも手を動かしたなら、片づけはもうできている！

片づけができないと悩んでいる方に多いのが、「自分は片づけができない」と自分で自分を責め、思い悩んでしまうことです。

でも、**どんな方も本当に片づけができないわけではありません**。ただ、完璧を求めすぎているだけなのです。完璧に部屋が片づかないうちは、「片づけられた」と認められない人が多いのです。本当は、少しでも片づけが進んだのなら、それは「片づけができた」ことです。

どんなゲームでも、コマを1つひとつ進めながら、少しずつゴールに近づいていきますよね。片づけもそれと同じことです。コマを1つ進められたら、それでOKなのです。

これからは、1つの行動ができたら、それを達成できた自分をおおいにほめてあげましょう。「今日も部屋の一角をキレイにすることができたわ！」と、自分を認めてあげるのです。

毎日自分をほめ続けていくうちに、自分に自信が持てるようになります。それは**「成功」を積み重ねることで得られる自信**です。

それに、ほめられることってうれしいですよね。子どもは親にほめられようとして頑張るところがありますが、ほめられてうれしいのは大人だって同じです。ほめられるから、またやろう！　と思えるようになるのです。

どんな小さなことでもいいのです。

1つのことができたら、必ず「よくできた！　私ってすごい！　エライ！」と、おおげさなくらい自分で自分をほめてあげてください。

ほめすぎて悪いことなど何もありません。

それが、モチベーションを保つことにもつながりますし、その先には自分に自信を持てることにもつながっていくのです。

第４章

#「捨てない」魔法の３ステップ

基本の3ステップ
1.出す　2.磨く　3.戻す

これまでは、「部屋の1点だけをキレイにする」という方法を軸に、部屋全体の整え方についてご紹介しました。

この章では、私の片づけの方法で、一番大切な部分をお話ししようと思います。

それらの片づけ方法は、基本的にはすべて同じです。それは、

「出して、磨いて、戻す」

これだけです。

たとえば、収納されているものの場合、ものをすべて出したら、本棚、棚、引き出しといった入れ物と、その中に収納されていたものを拭いて、ひとつずつ元に戻します。

とてもシンプルですよね。

この方法は、どの場所・どの収納・どんなものにでも応用することができます。先ほどお話ししたように、自分が一番長くいる場所、手をつけやすい場所からはじめてみてください。

不思議なことに、この「出す・磨く・戻す」の順で片づけていけば、**「ものは捨てなくていいですよ！」と言うにもかかわらず、ほぼ100％の方が自分の意思でものを手放したくなります**。

もし、この手順で試してみて「やっぱり捨てたくないな」と思ったら、もちろん、一切捨てる必要はありません。磨いたものをすべて元の場所に戻すつもりでいて大丈夫です。

それでは、次から1つひとつ詳しくお話ししていきます。

1. 出す——何も考えずにまずは出しきる！

まず、片づけたい場所にあるものを、そこから一気にすべて移動させます。

たとえば、本棚であれば、並んでいる本を全部棚から出してください。

とにかく、ひたすら「出す」という行動に集中します。あれこれ考えをめぐらせるのはやめましょう。自分がまるでマシーンにでもなったかのように、淡々と手を動かしてください。壊れ物でなければ、一気にごそっと移動させましょう。

ここでのポイントは1つ。**「何も考えない」**ということです。まるで自分が「取り出しマシーン」になったつもりで、何も考えずにものを出し切ることだけに注力してください。出したものは、空いたスペースを利用して置いてもいいですし、あらかじめ段ボール等を用意してそこにまとめて入れてもいいでしょう。

もしこの時点で、「あまり必要ないかも」と思えるようなものがあれば、あらかじめよけておいてもいいでしょう。

1．とにかく無心に……「出す」ことに集中

2. 磨く――触れてみて、ものと心を通わせる

ものをすべて取り出したら、次は磨く作業です。

磨く際、特別な道具はいりません。身のまわりにあるものを使って磨きましょう。汚れがスッキリ取れる磨き方は、のちほど詳しくご説明します。

まず、水拭き用と乾拭き用の布切れを2枚用意してください。水拭きしたら、乾拭きという順序で行ないます。

はじめに、ものが置いてあった場所から磨きます。ほこりをはらい、丁寧に水拭きしましょう。次に乾いたぞうきんで乾拭きです。片手に水拭き用、もう片方の手に乾拭き用を持ち、交互に磨くと手間なくできます。

その後、中に入っていたものを1つひとつ乾いたぞうきんで拭き、ほこりや汚れを落としていきましょう。

２．磨くうちに、大切なものかどうかが見えてきます

ここでのポイントは、**「大切に扱う」という意識を持つ**ことです。「磨く」と言っても、力を入れてごしごしこする必要はありません。あくまでも、力を抜いて軽く行ないます。そして、角や裏側もくまなく、愛情を持って慈《いつく》しむように丁寧に扱ってください。

注意すべき点は「思い出にひたらない」ということです。無心で、淡々と作業をこなしてください。行動を優先して、パッと目についたものから磨いていくのもいいでしょう。

自分で考えようとしなくても、磨いているうちに、それが大事にしたいものかそうでないか、大事にできているか、ということは自然とわかってくるものです。

とにかく、ものと向き合い、大切に磨き、キレイにしてあげる。

この「磨く」という過程で、本当に大切にしたいもの、自分のしたいことが見えてくるはずです。

3. 戻す――好きなものから置いていく

中に入っていたものを磨き終わったら、次は元の場所に戻していく作業です。

このとき、**自分が好きなもの、気に入っているなと思えるものから順番に戻していってください**。ここでは少し頭を使って考えながら作業を行ないます。

本なら、よく読む本、あまり読まない本という並び順にしてもいいでしょう。好きな本を一番手に取りやすいところに置いてもいいですね。

あとは、同じ高さのものをそろえたり、同じジャンル別にまとめて並べたりするのもいいと思います。

洋服なら、気に入っている服、よく着る服から戻していきましょう。好きな服から順番をつけていくと、自分がどの服を好んで着ているかを客観的に知ることができます。あとまで残っていくものを見ているうちに、いらないものが自然と淘汰《とうた》され、「これは少し整理したほうがいいかな」という考えが浮かんでくることもあります。

おそらく、キレイにした場所に、戻したくないものも出てくるでしょう。

そのとき、「もう自分に必要ないな」と思えたら、手放してみるのです。

ものがあった場所、ものを入れるための器をキレイに磨くと、その空間に愛着がわいてきます。そして、キレイにした場所には、いらないもの、余計なものは収めたくなくなってくるものです。

そこで、自分にとって今必要なものか、そうでないかが自然と選別されます。

このように、「捨てよう！」と気合を入れなくても、無理なく手放すことができます。

3．いらないものは、戻したくなくなる

「磨く」ことには人生を変える力がある

私は片づけの中でも「磨く」ことをおすすめしているのですが、それには理由があります。

それは、とにかく「磨く」ことには自分の願いをかなえてくれる力、言ってみれば「人生を変える力」があるからです。

床磨きもそうですし、ものを箱から出したら、まず箱を磨き、次にものを磨くようにお伝えしています。

「磨く」というと、たとえば黒くくすんだ銀を、光るまで何度も何度も時間をかけてこすり……というようなイメージがあるかもしれません。「時間がかかりそう」「めんどうだなあ」という気持ちを抱きがちですが、実はそれほど大変なことではありません。

もしかすると、**「磨く」というよりも、「なでる」というほうがイメージには近いか**

もしれません。イヌをなでる、ネコをなでる、子どもをなでる……かわいがり、愛《いとお》しむ、あの感じです。床やものも、イヌやネコ、子どもをなでなでするのと同じようにやってみてください。やさしい気持ちになれるはずです。

実際、私は机に向かって仕事をしていて煮詰まったりすると、床磨きなどをはじめます。すると、とげとげしていた心がだんだんと丸くなっていきます。そして、徐々に気分が落ち着いてくるのです。また、頭を切り替えることで、思わぬアイディアが浮かぶことも少なくありません。

ところで、床やものは、磨くときちんとそれにこたえてくれます。「床やものは生きものではないし、何をしたって反応するわけないでしょ？」と思うかもしれませんが、これがちゃんと反応を示してくれるのです。

もちろん、生きもののように、にっこり笑ったり、鳴き声を出したりして表現することはありません。けれど、それらは「輝き」という形でこたえてくれます。

磨けば磨くほど、ほこりが取れ、輝きを増していきます。それを見ると、こちらの心まで輝いていく実感すら覚えるはずです。

磨くという点で言えば、**「小銭磨き」**なんかもやってみるといいですよ。一見、掃除とあまり関係ない気がするかもしれませんが、これには意外な効果があります。小銭を磨いてみると、気づきを得たり、直感が鋭くなったりする効果があるのです。

私も5年前くらいに、この小銭磨きをはじめたのですが、そこから仕事のやり方に変化が起こりました。

これまでは、常に動き回ってあちらこちらに忙しく飛び回るような働き方こそがいいことだ、と思い込んでいるようなところがありました。けれど、小銭磨きをやるうちに、それが果たして本当に自分にとっていい働き方なのだろうか？　という疑問がわいてきたんですね。

そして、**「動くばかりがいいわけではない。もっと自分にとって価値のある動き方をしよう」**という思いに自然と切り替わっていったのです。

その結果、あまり自分があくせく動かなくても効果があがるような、効率のよい働き方へとシフトしていきました。

この小銭磨きは、講座などでご紹介をすると、すごく好評です。

私の講座を聞きにいらしたある美容師さんは、自分の店の小銭をすべてピカピカに磨いて、おつりとして渡すことにしたそうです。そうしたら、そのことが注目されるようになり、ついには本を出すまでになったといいます。このように、磨くことには人生を変える力があるのです。

方法は簡単です。

小銭ならどれでもいいのですが、5円玉と10円玉が特にキレイになるので、やりがいがあるし、キレイになったときの喜びも大きいと思います。

小銭をまずはタバスコに15秒ほど浸しておきましょう。それだけで、サビが一気に落ちます。

その後、水で流したら、少量の歯磨き粉を小銭につけます。そして、くるくると円を描くように磨いていくのです。親指でもいいですし、汚れが気になる場合にはティッシュペーパーや布を使って磨いてもいいでしょう。

最後に再度軽く水で流して、水気を拭き取ったら完成です。

ピカピカに輝く小銭を見ると、心がちょっと踊りますよ。5円玉はイエローゴールドに、10円玉はピンクゴールドに生まれ変わります。まるでできたての新しい貨幣を手にしたような気持ちになるはずです。「わー、キレイ！」という快感を覚えたら、その気持ちを忘れないでください。

部屋をキレイにするのも、同じような感情が生まれます。

ちなみに、このピカピカに輝く小銭をきっかけに神社の宮司《ぐうじ》さんと仲良くなったことがあります。

神社にお参りに行った際、お賽銭《さいせん》としてキレイな5円玉を出したところ、たまたまそれを見ていた宮司さんに「それ、どうされたんですか?」と声をかけられたのです。「神様にお渡しするので、磨いたものをお渡ししようと思って」と答えたら、「そんな人、見たことないです。どうしてそのようなことをするようになったのか、話を聞かせてください」と言われ、普段は入れない場所に招き入れられました。そして、最後には特別にお祓《はら》いをしてもらったのです。

同じ5円玉なのに、ピカピカに磨いたものを出しただけで、より一層のご利益を得た感じです。

このように、「磨く」ことには、人を変えるパワーがあります。

ぜひ試してみてください。

一気にキレイにしない！「ちょこっと掃除」を

片づけようとすると、ついつい一気にキレイな部屋を完成させようと考えがちですよね。でも、それはやめておきましょう。

1点ずつ、ちょっとずつ動いて、少しずつ部屋を改善するほうがいいのです。まずは1点をキレイにすることだけを心がけて、それが維持できるようになったら、次に別の場所に目を向けてみてください。

ここで大事なのは、**「ちょっと動いたら、ちょっとキレイになった」**という記憶です。「このくらい片づけると、このくらいキレイになるのだ」という経験があると、部屋が少し汚くなったときにも「またこの前くらいちょこっと掃除すれば、同じ状態に戻るな」という気持ちが生まれるからです。

これが一気にキレイにすると、「またあのくらい一生懸命やらないと、キレイにならないのか」と、かえって絶望感が襲ってきます。「あれだけやらないとキレイにならないのだったら、もういいや！」という自暴自棄の気持ちが生まれてくることもあるかもしれません。

それよりも、「ちょっとやったら、ちょっと変わった」という意識が強ければ、「やれば変わるのだから、気分転換にまたやってみよう」という気持ちにもなれるのです。

このような気軽な感覚が大事です。「ちょこっと掃除」とでもいいましょうか。

「ちょっとやって、ちょっとキレイに」

この小さな一歩の積み重ねが大切なのです。

一気にやってしまわない。

時間があるとき、気が向いたときに、少しだけ。

「ちょこっと掃除」を心がけましょう。

第5章

悩み別！部屋ごとの片づけポイント

「理想の部屋」を想像すると、みるみる片づきはじめる

ところで、「片づけましょう」と言われても、具体的には何をやっていいのかわからないですよね。そもそも、「片づけ」「整理整頓」という言葉って、とても抽象的なものだと思いませんか？

「片づけ」という行為自体、実に漠然《ばくぜん》とした言葉です。ですから、つかみどころがなくてイメージしづらいのです。

それよりも、もっと具体的に考えてみましょう。たとえば、「何もものを置かない状況をつくる」とか「お花を飾れるような環境をつくる」といったように考えると、よりわかりやすく、行動を起こしやすくなります。

そして、片づける際に有効なのが、**まず「理想の部屋」を具体的にイメージし、それに近づける**、という方法です。

こんな研究データがあります。

あるバスケットボールチームに所属する男性たちを、同じ数ずつ2つのグループに分けました。

1つのグループには、1週間バスケットボールのシュート練習を一生懸命行なってもらいました。もう1つのグループには、1週間練習は行なわずに、シュートが入る映像をひたすら観てもらいました。

1週間後、どちらのグループのほうがシュートの成功率が高くなったでしょう？

そう、シュートが入る映像を観続けたグループのほうが、実際にシュート率が上がったのです。

このように、**人間は「イメージから入る生きもの」**です。

ですから、うまくいっているイメージ、いいイメージをたくさん目にすると、本当にそのイメージ通りに動けるのです。

雑誌などで「いいな」と思える部屋を見つけるのもいいでしょう。また、知り合いのステキな家を実際に見せてもらうなどして、イメージを膨らませてみるのもおすすめです。

「この壁のディスプレイがいいな」「こうやって絵を飾るとステキだな」「キレイに収納してあるとスッキリ見えるな」など、自分の好みを具体的にイメージとして取り入れていくのです。

漠然と「片づけなきゃ！」と考えるのではなく、「どういう部屋にしたいのか？」を具体的に考えてみましょう。

そのほうが、より早く、しかも自分の思い通りの部屋を得られるでしょう。

プラスのイメージづくりが成功のカギ

片づけを行なう前に、理想の部屋をイメージしましょう、とお話ししましたが、その次にもうひとつ「自分の部屋が片づいている様子」もイメージしてみましょう。

片づけられない人は、片づけるための「ノウハウ」を最初に知ろうとしがちですが、それよりも先にやることがあります。

それが**「片づいている様子をイメージする」**ということです。

どうしたら片づくのか？　を考えるよりも前に、実際に片づいている様子を目に焼きつけたほうが印象も強いのです。

たとえば、片づいている人のお家を見に行くというのでもいいですし、YouTubeなどで片づけを行なっている映像を観るのもいいでしょう。その映像を目に焼きつけながら、自分の部屋とイメージを合わせていきます。

そして、具体的に「自分の部屋が片づいているイメージ」「住みたい部屋に近づいていくイメージ」を頭に刻むのです。抽象的なイメージをどんどん減らして、具体的なイメージを増やしていってください。

「片づけよう！」「整理整頓をしよう！」ではなく、「ものを置かないようにしよう！」「自分の好きなインテリアを飾った部屋にしよう！」と考えていくのです。それが、片づけをしやすくするコツです。

ところで、**片づいた部屋にいると、「いいイメージ」をつくりやすくなります**。

自分の部屋が明らかに荒れていたり、汚かったりしたらどうでしょう？

いくら外で成功していたり、幸せな状態にいたとしても、部屋に戻ってきた瞬間に、明らかに幸せとは言えないようなイメージが目に飛び込んでくるわけです。せっかくの成功体験が、よくないイメージによって帳消しにされてしまうのです。

けれど、部屋がキレイになるとどうでしょう？

外で成功体験をしてきて、そのいいイメージをそのままに、家に帰ってからはさらにプラスのイメージを取り入れることができるのです。

つまり、部屋を片づけることは、一番手軽に「いいイメージ」を取り込むことができる方法でもあるのです。

ビフォー&アフターを写真に撮って「基準」を記憶に焼きつける

部屋をせっかくキレイにしたのに、キレイな状態を維持するのは本当に難しくて……とお悩みの方がいらっしゃいます。

「キレイをキープしなきゃ！　今の状態を保たなければ！」と思うと、気持ちもしんどくなってしまいますよね。ですから、「キレイを維持しよう」とは考えないほうがいいと思います。

先にもお話ししましたが、人はイメージで動く生きものです。なので、一度、キレイな部屋のイメージが頭の中に記憶されると、それを目指して動こうとします。ですから、**まずはキレイになった部屋を写真に撮っておきましょう**。「この状態が基準ですよ」というのを記憶に焼きつけておくのです。

キレイをキープするのではなく、「もともとがキレイな状態なのだ」ということを頭にたたき込んでおくと、部屋が荒れたときも、それを元に戻そうという気持ちが自然とわいてくるようになります。

できれば、片づけたあとだけでなく、片づける前の部屋も写真に収めておくといいでしょう。片づけ「ビフォー&アフター」の写真を撮っておくのです。

毎日見ている部屋なので、なかなか客観的に見られないところがありますが、**画像に収めると、まるで他人の部屋を見るような感覚で冷静に部屋を「鑑定」することができます**。

どこがキレイになったのかを間違い探しするかのような楽しさもありますよ。

そして、キレイな部屋で過ごす感覚も味わいましょう。「キレイな部屋で暮らすと、気持ちいいな。心穏やかでいられるな」という体験を重ねると、次第に部屋が荒れにくくなります。

【実践！】「なりたい自分」をつくる片づけ＆掃除術

ここからは、各部屋の片づけの仕方をご紹介したいと思います。

不思議なのですが、**それぞれの部屋に、お金、仕事、恋愛、結婚、人間関係、コミュニケーション、健康……など、運気を高める効果があります。**

特に自分が変えたいところを中心に、片づけしてみるのもいいかもしれません。はじめやすい場所からやってもいいですよ。ここで大切なのは、**気負いすぎず、自分ができるところを片づける**、ということ。軽い気持ちで行なってみてください。

基本は、これまでにご紹介した、**「1点キープ」**と**「出す・磨く・戻す」**です。

先にお話ししましたが、部屋はまず1点だけをキレイにし、それを維持する「1点キープ」を心がけましょう。これはどの部屋にも共通することです。

1点キープする場所は、基本的には目につきやすいところを選びましょう。

あとは、鏡や蛇口など、磨くと輝きがわかりやすいものを選ぶと、磨く前とあとの違いがより明確になって、モチベーションも上がると思います。

たとえば、お風呂場や洗面所などでは、鏡や蛇口などを「1点キープ」できると、よりキレイが引き立つと思います。

次に、「出す・磨く・戻す」を行ないます。まずは、部屋に置いてあるものを移動させます。たとえば、お風呂場ならば、シャンプー、リンス、せっけんやボディシャンプーなどが入った容器をいったん別の場所に移すのです。

次に、それらが置いてあった場所をまず磨き、そのあと容器についた汚れを落として磨きます。このとき、「もう使わないな」「今の自分には必要ないな」と思えるものがあれば、脇によけておいてもいいでしょう。各部屋の掃除で、ものを整理するときに試してみてください。

最後に、それらを元の場所に戻したらおしまいです。

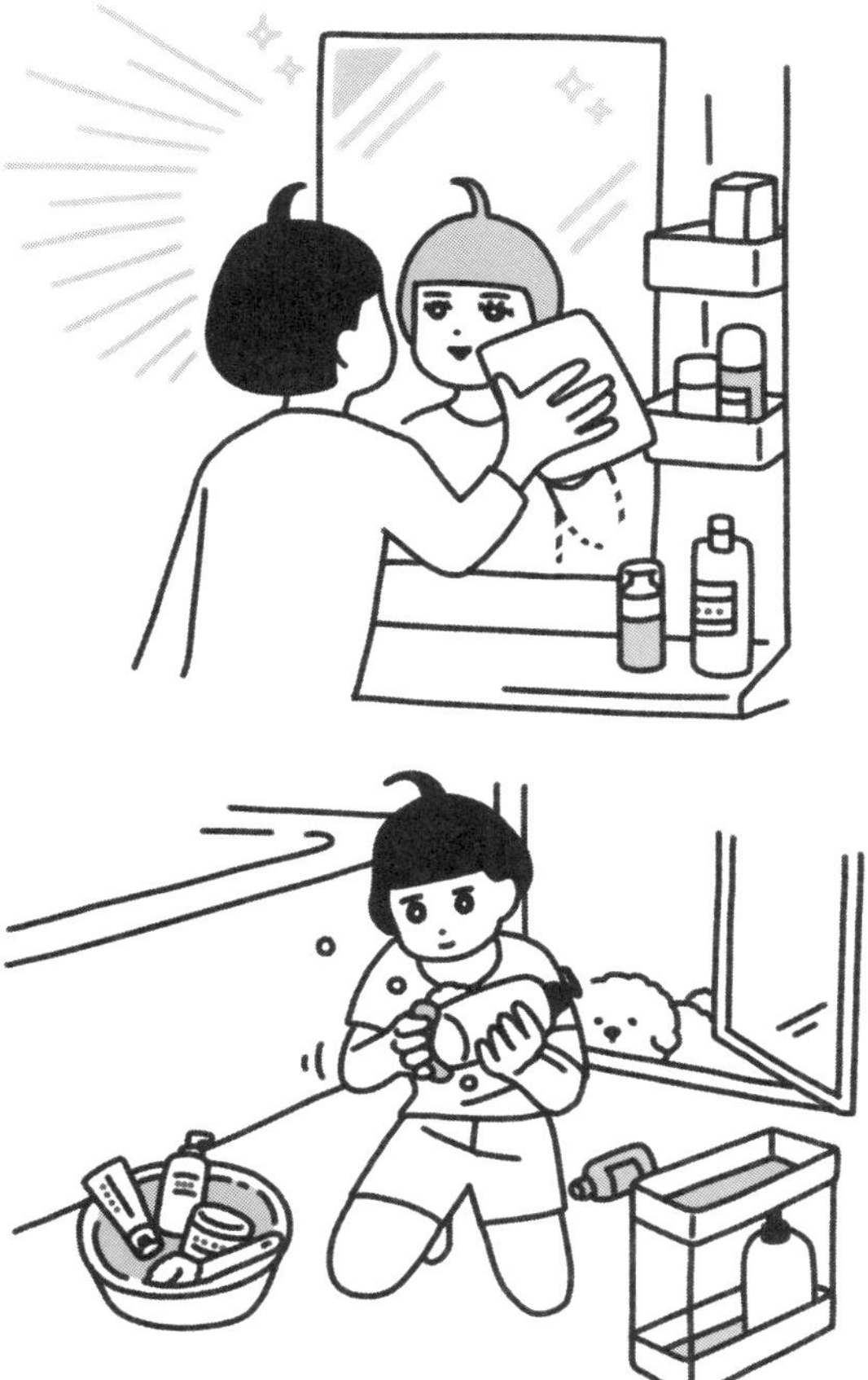

「1点キープ」と「出す・磨く・戻す」で、部屋はみるみるキレイに！

この「1点キープ」と「出す・磨く・戻す」を心がけるだけで、ものを捨てなくても部屋は見違えるほどキレイになります。

そして、片づけが少しでもできたら、そんな自分を思いっきりほめてあげてください。ちょっとずつの「成功体験」があなたに自信をもたらし、やがてそれが大きな力になっていきます。

では、さっそく各部屋の片づけ法を見てみましょう。

お風呂場

――健康度アップ！　自分を大事にしたいなら……

お風呂場は、疲れを取るだけでなく、**自分の健康面や体のことをきちんと見つめ直し、「本当の自分」を知ることができる場**です。お風呂場が汚れていたり、荒れていたりすると、自分を大事にすることができにくくなります。

できれば、シャワーで済ませるのではなく、しっかりと湯船につかりましょう。自分をケアして、自分のための時間をつくってあげるのです。

また、シャワーで済ませることが多いという方も、浴そうの掃除は定期的に行ないましょう。浴そうがカビだらけというケースも多いからです。あとは、「水あか」もつきやすいので、まめにこすり取ってあげましょう。

リラックスできる状況をつくってあげると、なぜか不思議と仕事のクオリティもあがります。

よく、休むことなく忙しく飛び回っていて、ゆっくりとお風呂に入る時間などない、という方がいらっしゃいますが、そういう方こそ湯船につかってほしいと思います。自分の時間を削り、疲れを癒すこともなく働き続けると、逆に仕事の質を下げてしまい、結果として自分の評価を下げてしまうという場合が多いからです。

「お風呂に入る時間だけは取る」と決めてみる。そうすると「そこに集約させて何かをする」という発想も生まれます。心身の疲れもリセットできるし、頭の切り替えもできるので、その時間に思いがけないアイディアが生まれることもあります。

まずはお風呂場を整えることが、自分を大切にするきっかけになるはずです。

そして、**お風呂場をキレイにする習慣を身につけるようになると、生活のペースが安定する人が多い**のです。

お風呂の掃除は、浴室に入ったときにやってしまいましょう。

体を洗ったついでに、床や洗面器、壁、鏡などを軽くスポンジで水洗いします。洗剤をつけてごしごしこする必要はありません。多くのものは水だけで落とすことができます。体を洗う延長で、ちょっと手をのばしてみてください。

ここでも「1点キープ」は応用できます。いつもキレイにしておきたいのは、「鏡」です。鏡にくもりがないと、それだけで浴室もスッキリして見えますよ。

それが終わったら、「出す・磨く・戻す」です。

まずは、浴室に置いてあるシャンプー、リンス、ボディソープ、ひしゃく、洗面器、イス、お風呂のふたなど、まず別の場所に移動させましょう。

次に、それらが置かれていた場所をスポンジなどで水洗いし、続いてシャンプー、リンスなどの容器の汚れも取ります。シャンプーなどは液だれをしやすいですし、洗面器、イス、お風呂のふたなどは水あかがつきやすいものです。水洗いすれば取れますので、流してあげましょう。

最後に、それらを元の場所に戻します。

また、2か月に1回くらいは、天井に手をのばして拭きましょう。届かない場合には、風呂イスなどに乗ったり、１００円ショップに売っているような細長い柄のついたモップなどで拭いてください。お風呂に入っているときに行なえば、天井から水がしたたり落ちてきても気になりません。

シャワーだけしか使っていないという場合にも、浴そうをはじめ、置かれているものにも意識を向けて洗うようにしましょう。

ここでも大事なのは、「きちんとやろう！」と意気込まないということです。ざっとで構わないので、毎日、さーっとやることを習慣づけてみましょう。キレイな状態が定着すると、テンションがあがってきますよ。

たとえば、シャワーを浴びる前、シャワーの水がお湯に変わるまでの間に水あかや汚れ探しをしてみてはいかがでしょう？　ちょっとしたゲームのような気分にもなれますよ。

鏡のくもりは体を洗ったあとの石けんがついたタオルで磨いて、そのままシャワーで流します。洗剤には浴そう用、鏡用、床用など、用途別のものがいろいろと売られていますが、厳密に区別していくつもそろえる必要はないと思います。

それに、そもそも毎日軽く洗っていれば、水洗いで事は済んでしまうので、洗剤自体いらないのかもしれません。

「鏡にはこの洗剤でなければ……！」とかたく考えるのではなく、本来の目的は浴室をキレイにすることなのだから、キレイになりさえすれば何でもいいという、柔軟な感覚を持つことが大事です。

お風呂場

1点キープ

鏡

水滴やくもりは拭き取って

これだけはやろう！

**入浴ついでに、
浴そう、床を水洗い**

キッチン

――人間関係、コミュニケーションがうまくいく

キッチンは、人間関係や人とのコミュニケーションに関係しているところがあります。

「いいパートナーにめぐり合わない」「なかなか結婚できない」「夫婦仲がイマイチ」という悩みを抱えている方の部屋を見ると、たいていはキッチンが荒れていたり、キッチンを使っていなくてシンクはほこりだらけ……という状態であることが多いです。

もし、**いい人間関係を築きたいと考えるなら、食をつくる環境を整えておくことは非常に大切**です。

自分の考え方やアイディアをまとめることにもつながります。たとえば、「この食材をこう調理したら、どのようになるだろう?」とか「このレシピにこの調味料を加えてみたら、ひと味違うんじゃないかしら?」と考えることが、自分の発想力を高めることにもつながるのです。

キッチンを整えることで会話が増える家族は非常に多いです。食を通して、何気ない会話をしながら、コミュニケーションが増えていくのだと思います。

もし「最近、家族の会話が少ないな」「相手が何を考えているのかわからない」といった状態であるなら、キッチンを磨いてみるのもおすすめです。

キッチンはそもそも料理をする場ですから、「キッチンを片づける」というよりも、「料理をつくりたいな」と思える場にすることが大事です。「おいしい料理をつくれる環境に整える」ということを意識してみてください。

ここでも、どこか1点キレイにする場所を決めましょう。

比較的、シンクなどの水まわりをキレイにすると、キッチン全体がスッキリして見えます。蛇口を磨いておくと、よりキレイ度が高まるでしょう。

次に、「出す・磨く・戻す」を使って、シンクまわりをキレイにします。

お皿などを洗い終わったら、シンクまわりにある、洗剤、水切りトレイ、生ゴミを入れる三角コーナーなどをいったん別の場所に移動させます。

それから、まず置いてあった場所を磨きます。ものの隅に隠れていた小さなゴミや汚れが出てくるかもしれません。シンクまわりは水しぶきが飛び散りやすいので、乾いた布、もしくはスポンジ等でふき取りましょう。それだけで輝きが増します。

また、レンジなどは細かい油ジミがつきやすいので、こびりつかないよう、こまめに磨いておくと、あとが楽ですよ。水道の蛇口などにも水滴のあとがついていることが多いので、乾拭きするとキレイになります。

次に、ものの汚れを落とし、磨いていきましょう。洗剤などは液だれしやすいので拭き取るだけでも、キレイに見えます。水あかなども水で流します。三角コーナーやゴミ入れのゴミを処分し、排水口に溜まったゴミのカスなどをキレイにしましょう。使い古した歯ブラシなどで磨くと細かい汚れも取れやすいです。

最後に、移動させたものを元の場所に戻したら、完了です。


また、**キッチンの場合、使ったものはできるだけ早く片づけていく、というのが基本です。**

調理が終わったあと、食事をはじめる前のちょっとした時間に、使ったフライパンや鍋、ボウルなどはシンクに置いてさっと流しておきます。使った道具を元の場所に戻しておく、材料が入っていた空き容器を捨てるなど、食べる前にささっとやっておきましょう。また、油ものを料理したら、こびりつかないよう、水につけて表面を流しておくだけでも、後片づけがグン！　と楽になりますよ。

家族の間で、「食事の前にここまでは片づけておこう」というのを決めておくといいでしょう。それが定着していくと、気づかないうちにキレイになっていきます。

私の家では、それが習慣になりすぎるあまりか、私がゆっくり食事を食べていると、気づいたらまだ食べ終わっていないお皿が下げられていたり、いつの間にかお箸がなくなっていたり、なんていうこともあります。ここまでいくと、ちょっとやりすぎですね。

ご家族でルールを決めてもいいですし、ご自分の中でルールを定めておくのもいいかと思います。いろいろなルールをつくって、それを認識していくことが大切です。

頭の中にとどめておいてもいいですが、忘れてしまいそうだ、という場合には、書き留めてどこか目につくところに貼りつけておいてもいいでしょう。毎日眺めているうちに、自然とそれが習慣として身についていくはずです。

時間があれば、キッチンの収納も「出す・磨く・戻す」で整理しましょう。

油、しょうゆ、酢などの調味料や、ボウル、包丁、鍋などを、いったんすべて出し、別の場所に移動させましょう。

次にそれらが置かれていた場所を、水拭き、乾拭きの順で拭きます。油やしょうゆ、砂糖などの調味料がたれて棚がベタついていることも多いので、水拭きはしっかり行ないましょう。

その後、収納されていたものの汚れを1つずつ落としていきます。しょうゆなどは液だれしていることもあるので、気をつけて見てみましょう。

最後に、よく使うものから順番に戻していきます。似たような形のものをそろえたり、同じ高さのものを並べて置いたりすると、スッキリ見えていいですよ。

キッチン

1点キープ

シンクまわり

水滴や細かいゴミは拭き取って

これだけはやろう！

使用したフライパン、鍋などは
食事の前に軽く水で流しておく

洗面所

——女性必見！ ピカピカの洗面所で「魅力」倍増

特に女性は洗面所をキレイにしましょう。

それだけで、**女子力は確実にアップします！**

まず、鏡をきちんと磨くこと。自分の表情や肌つや、目の輝きがよりクリアに見えます。それはつまり自分の「今の状態」を知ることでもあるのです。

ここでの、1点キープは「鏡」です。ここをキレイにしておくだけで、洗面所は一目でキレイに見えます。

鏡をよく見てみると、細かい水滴のあとや歯磨き粉がとんだあと、ほこりなどがついていますね。それらを乾いたぞうきんやティッシュペーパーなどで軽くこすりながら、落としていきましょう。

次に、「出す・磨く・戻す」です。まずは、表に出ている歯ブラシや歯磨き粉、石けん入れ、コップなどを別の場所に移動させます。

次に、それらが置いてあった場所を磨きましょう。トレイの裏側やコップの底などは水あかで黒ずんだり、赤く色がついたりしやすいので、乾いた布で拭いてください。洗面ボウルは、水に軽くぬらしたスポンジで水拭きし、ボウルの周辺や水道の蛇口を水滴のあとやほこりがないよう、軽くこすりながら拭いていきます。石けん入れなども汚れやすいので、水で流して汚れを落としてから、布で乾拭きしてあげるといいでしょう。

また、**「少し散らかってきたな」「なんだか気持ちがモヤモヤするな」というときには、戸棚の中に収納されているものも「出す・磨く・戻す」を行ないます**。

たとえば、メイク道具やクリーム、化粧品などをすべて戸棚から出します。

そして、収納されていた棚を水拭き、乾拭きの順番に磨き、汚れを落とします。ファンデーションやチークなどがこぼれて、棚に色がついていることも多いので、よく拭いてあげてください。

続いて、中に入っていたものを1つずつ磨いていきます。メイク道具などは液だれしていたり、粉がふたの周りについていることもあるので注意してください。

最後に、中に入っていたものを元に戻していきます。よく使うものから目につきやすいところに置いていくといいでしょう。似たような大きさや同じような長さのものをそろえて入れていくと、スッキリ見えます。

また、月に1回くらいは天井の汚れにも目を向けてみてください。汚れているな、と思ったら、ぞうきんで乾拭きするか、手が届かないようであれば、少し柄の長いモップのようなもの、または100円ショップで売っているような掃除道具で軽く拭きましょう。

こうして**洗面所をキレイにすると、落ち着いて自分と向き合えるようになります**。これまであわただしく迎えていた朝の15分が、気持ちを整える15分へと変わっていくのです。まず、朝は化粧をほどこす前の「素の自分」をしっかりと確認し、そして、毎日頑張っている自分をねぎらってあげましょう。

洗面所が整うと、自然と化粧の仕方も丁寧になります。

これまで、仕方なく、まるでやっつけ仕事のように化粧をしていた方も、化粧の時間をむしろ味わうような感覚になります。朝、バタバタと化粧をして、あわてて家を飛び出すのではなく、気持ちを落ち着けて、自分を整え、心をいい状態に持っていくことができます。

「今日の私もばっちりよ！　がんばれるわ！」とフル充電、用意周到の状態でスタートを切ることができるようになるのです。

いい状態で出発できると、外へ出てもその状態がキープできます。最終的には、「今日はいい一日だったなあ」という思いで締めくくることができるのです。

たとえば、あわててメイクをした場合。「もう少し眉毛を整えたいけれど、まあいっか。時間ないし」と、自分の顔をしっかりチェックすることなく出かけると、「急いで眉毛を描いたから、もしかすると切れてしまっているかも。左右の形が違っていたりしないかな？」と、他人から見られることに自信がなくなるかもしれません。けれど、落ち着いてじっくり鏡を見ながらメイクをして、「よし！　これで大丈夫！」と自分で思えたら、誰に会っても恥ずかしくないので、自信を持って堂々とした態度で他人と接することができますよね。

このように、日常のちょっとしたプラスの気持ちの積み重ねが、「自分はできる！」という自信につながっていきます。そして、「自分がやることはうまくいく」と思えるようになってくるのです。

洗面所

1点キープ

鏡

水滴や汚れはこまめに落として

これだけはやろう！

**毎朝、お化粧前の自分に、
「いつも頑張ってるね」「キレイよ」など、
自分が喜ぶ言葉をかけて**

玄関
——仕事運がみるみるアップするのを実感しよう！

不思議なのですが、玄関を整えていくと、仕事がどんどんよくなるという方がとにかく多いです。

飲食業の方は玄関をキレイにしたら、どんどん客足が増えたといいます。個人事業主の方は人の出入りが増え、仕事がくるようになったといいますから、その効果は実証済みです。ちなみに私も毎日せっせと事務所の床を磨いています。

できれば、部屋中の床をぞうきんがけしてほしいところではありますが、**「どこか1か所」と言われたら、間違いなく「玄関」**の掃除をおすすめします。

玄関は家を出発する際、最後までいる場所であり、家に帰ってくるときにまっさきに足を踏み入れる場所でもあります。玄関を通らずして、居間に移動することはできませんよね。

出発時に目にしたイメージがキレイなもの、気持ちいいものだと、それだけでいいスタートが切れるはずです。

また、疲れて帰ってきたときにキレイな空間を目にすると、それだけでも気持ちが少し安らぎます。気持ちよく出発して、気持ちよく戻ってこられる状況をつくっておくことは大事です。

ですから、なるべく圧迫感のない玄関を目指しましょう。

玄関で「1点キープ」をするなら、間違いなく玄関前の床（土間）です。靴は靴箱に戻すなど、常にものがない状態をキープしてください。

玄関は外からのほこりや土、砂などが入ってきやすい場所ですから、まずほうきではいたり、軽く掃除機をかけたりします。その次に水拭き、仕上げに乾拭きです。

私の事務所の床は白いのですが、汚れが目立つからこそ「キレイにしなきゃ！」という気持ちが高まります。そのうえ、仕事運も高まると知ったら、これはやるしかないですよね。

それから、玄関ドアをキレイに磨いたら完成です。特に外側は汚れがつきやすいものです。**「いつもありがとう」と感謝の気持ちを込めながら、ぞうきんで乾拭きして**

あげましょう。ドアノブやガラスなどの装飾がほどこされている場合には、それらの周りもやさしく乾拭きするといいですよ。

また、靴や収納に入っているものは、「出す・磨く・戻す」を使って、整理してみてください。

靴や収納されているものは、まずいったん別の場所に移動させます。

次に、それらが置いてあった棚を磨きます。靴についた土や汚れなどは棚にこびりつきやすいので、しっかり水拭きして磨きましょう。仕上げに乾拭きをすると、キレイになります。

最後に、靴や収納に置かれていたものを好きなもの、よくはくものから順番に目につきやすい場所に戻していきます。ここで、「戻したくないな」「もういらないな」と思えるものがあれば、手放しましょう。

玄関

1点キープ

玄関の床

常にものがない広い状態に

これだけはやろう！

靴をそろえる、
靴箱に入れる

トイレ——結婚運、恋愛運、金運を高めたい人に

もし「いいパートナーとめぐり合いたい」「結婚がしたい」と思っている方がいる場合には、トイレをキレイにすることをおすすめします。

トイレは人間の「老廃物」「いらないもの」を流す場所ですよね。一般的に汚い場所の象徴とされています。その一番汚い部分をあえてキレイにするよう心がけると、**自分の「我」が出にくくなる**というか、取れていくというところがあります。

トイレをキレイにすることを心がけていくと、人間としての「器」が大きくなっていく方が多いです。

汚いものも含めてきちんと受け入れることのできる自分になり、人との関係にも寛容になれるのかもしれません。その余裕が相手といい関係を築く結果にもなるのだと思います。

トイレ掃除のポイントは、実は便器の「外側」にあります。

便器の中ばかり注目しがちですが、便器の外側にもほこりがつきがちです。1点だけキレイにするなら、意外かもしれませんが、この便器の「外側」をおすすめします。便器をかかえるようにしながら、布でやさしくなでてあげましょう。すごくやさしい気持ちになってきますよ。

しまいには、すごく愛しい気持ちにさえなります。

次に、便器の内側を洗い、床を拭きます。さらに、トイレットペーパーホルダーや棚、手を洗うトイレタンクや洗面ボウルなどを乾拭きすれば完璧です。

月に1回程度は、天井の汚れにも目を向けるといいでしょう。

また、普段から、トイレを使用したあとには、便器まわりをトイレットペーパーで拭いておくと、さらに掃除が楽になりますよ。

それから、トイレに飾られているものや収納されているものは「出す・磨く・戻す」で整理しましょう。

たとえば、トイレブラシや洗剤、予備のトイレットペーパー、芳香剤、それからトイレの置物、飾りものは、いったん別の場所に移動させます。

続いて、それらが置かれていた場所を水拭き、乾拭きの順で磨きます。トイレタンクや手洗い場は水滴や水あかなどの汚れがつきやすいので、しっかりと水気を拭き取り、磨いてあげましょう。

続いて、置物、トイレブラシ、芳香剤、洗剤などのほこりや汚れを軽くはらいます。意外にもほこりが溜まりやすいので、きちんと見てあげてください。

最後に、それらを元の場所に戻します。このとき、「そろそろトイレットペーパーを補充しておいたほうがいいな」「洗剤がなくなってきたな」などということがわかるはずです。

トイレ

1点キープ

便器の外側

抱きかかえるようにやさしく磨いて

これだけはやろう!

使うたびに、便器まわりを
トイレットペーパーで拭いておこう

食卓、リビング
——大切な人とのコミュニケーション回復に最適

食卓は、食事する場、という役割のほかに、コミュニケーションの場でもあると思います。ですから、みんなが集まりやすい状態にしておきたいですね。

食卓にものが散乱している状態だと、家族や大切な人と一緒に食事をしなくなります。汚いから食卓に近寄らなくなってしまうのです。そして、各々が別の場所で食べたり、外食してきたり……と、個別に食事を済ませるようになり、結果として、家族や大切な人とコミュニケーションを取る機会を失うことになります。

けれど、食卓だけでもキレイにして、そこだけはみんなが座れる状態にしておくと、どうでしょう？　人はキレイな場所に集まりますから、結果として1つの食卓を囲むことになり、自然と会話が増えていくことにもなりやすいです。

食卓は「食」を楽しむ場、そしてコミュニケーションを形成する場である、という意識を持ちましょう。

食卓の中で、1点キレイにするなら「テーブル」をおすすめします。

テーブルは、ついものを置きがちな場所です。

食卓のテーブルの上には、ものが置かれていませんか？　郵便物の山、書類、レシート、調味料、化粧品等々……。

これらのものは、「出す・磨く・戻す」で片づけましょう。

まずは、テーブルに置かれているものをすべて別の場所に移動させましょう。

テーブルの上に何も乗っていない状態になったら、まずはテーブルの表面、余力があればテーブルの脚も布で水拭きしましょう。

イスにも汚れがついていることが多いので、座面、脚も水拭きするといいでしょう。

続いて、テーブルの上にのっていたもののほこりや汚れを軽く拭き、磨きます。

そして、もし余力があれば、それらが本来あるべき場所に戻しましょう。もし時間がない、気力がないという場合には、とりあえず置く場所を定めて置いておきます。

また、食卓やリビングにある食器棚やサイドボードにもほこりは溜まりやすいものです。布で乾拭きしておくと、よりキレイ度が高まりますよ。

食卓には基本的にはものを置かない状態がベストです。あっても、お花を飾るくらいにしておくとスッキリして見えます。

また、時間がある場合には、食器棚、食料貯蔵庫（パントリー）などを「出す・磨く・戻す」で整理します。

食器棚に入っている皿やグラス、コップ、パントリーに収められた食料品などをすべていったん別の場所に移動させます。

次に、収納されていた棚を、水拭き、乾拭きの順にキレイに拭き磨きします。意外と細かいゴミが落ちていることが多いので、よく注意して見てみましょう。

その後、皿やグラス、コップ、食料品など、収納されていたものの汚れを軽くはらい落とします。

最後に、普段よく使っているものから順番に戻していきましょう。

食卓、リビング

1点キープ

テーブル

シミ、汚れをきちんと拭き取って

これだけはやろう！

使ったあとのテーブルは、
ものを置かない状態に

クローゼット

「なりたい自分」になれる一番の近道！

クローゼットは、「自分が本当はどう見られたいのか？」「どんな自分を演出したいと思っているのか？」が一目でわかる場所です。

普段、自分がどんな色を身につけているか？　かわいい、クール、かっこいいなど、どのようなイメージの服が多いのか？　などを「出す・磨く・戻す」を使って、客観的に見てみましょう。

まず、クローゼットに入っているものをすべて出します。

洋服は、ハンガーのまま出して重ねて。引き出しに入った服は、たためるものはたたんでから重ねていきましょう。

次に、「ズボン」「スカート」「Tシャツ」「セーター」など、あらかじめカテゴリー分けをしておきます。

クローゼットの棚、パイプハンガー、床等を拭いたら、「自分の好きな服」から順に入口に近い、よく見える場所に戻していきましょう。

お気に入りの洋服から戻していくと、「あ、今の自分はこの服が好きなんだな。こういうイメージの自分になりたいのだな」ということが自然と見えてきます。

そして、あとまでクローゼットに戻らず残った服はあまり必要としていないものなのだな、ということに気づくはずです。そういった、整ったクローゼットに戻したくない服は、手放してしまってもかまいません。

これからは「着やすい服」ではなく、「着たい服」を身につけるようにしましょう。クローゼットを整理すると、それが簡単にできるようになります。

クローゼット

1点キープ

棚

お気に入りの１段だけはキレイに！

これだけはやろう！

**服を戻すときは、
好きな服から順番に**

冷蔵庫

定期的にものを出してみよう

キッチンの中でも、特に冷蔵庫は定期的に中のものを確認することをおすすめします。私は冷蔵庫の中身を全部出して、まず冷蔵庫の中を磨き、次に入っていたものを1つひとつ磨きながら、「これは賞味期限が過ぎているからいらないよね」「これはもう使わないいね」と仕分けしています。

これを行なっていくと、**ムダな買い物がなくなります**。

冷蔵庫に入れっぱなしにしていると、あるのを忘れていて同じものをまた買ってしまったり、タイムセールで安売りしているからと買ってはみたものの、結局食べなかったものなどが出てきたりしがちです。そういったムダを省くためにも、冷蔵庫の定期点検は必要です。

冷蔵庫

1点キープ

冷蔵庫の扉

よく使うところこそ、ピカピカに

これだけはやろう！

定期的に食品を取り出し、賞味期限をチェック

郵便物

―まとめて置いて、週1回はチェック

郵便物は「とりあえず」とテーブルの上に置き、それがいつの間にか積もり積もって、散らかりの原因となりやすいものです。私もレッスンでお家を拝見する際には郵便物が散乱していないかどうかをチェックします。

まずは、郵便物を入れる箱を2つ用意してください。先に「とりあえず散らかすスペースを決めましょう」とお話ししましたが、その応用です。

そして、ひとつを「一時的に郵便物を入れるボックス」(以下、とりあえずボックス)にします。ダイレクトメールもチラシも、とにかくポストに入っていたものはそこに入れましょう。もちろん、この段階で「どう考えても不要だ」というものがあれば、ゴミ箱に捨ててかまいません。

そして、週に1回は定期的に「出す・磨く・戻す」の方法でそれらを整理します。

まず、「とりあえずボックス」に入れた郵便物をすべて出します。

次に、箱の表面、そして裏側、内側を軽く拭いてください。

それから、郵便物が必要かどうかを選別していきます。そして、必要なもののみ、もう１つ用意した箱「保存用ボックス」に戻すのです。

「とりあえずボックス」に入れることが習慣化されると、テーブルなどに郵便物を無造作に置かなくなるので、結果、部屋は荒れにくくなります。一方、必要な郵便物はしっかり保管できます。

さらに、ポストから取り出した瞬間に、チラシやダイレクトメールなど、不要なものは即ゴミ箱に入れる習慣ができてくると、さらに部屋はスッキリするでしょう。

郵便物

1点キープ

郵便受け

郵送物は必ず「とりあえずボックス」に直行！

これだけはやろう！

不要なダイレクトメールは、
とりあえず置かずに、即ゴミ箱へ

本棚
――本があふれだしたら、見直してみる

本棚の中に収められている本のジャンルによって、その方が何を求めているかがわかることが多いです。

たとえば、「結婚したい」「彼氏が欲しい」と思っている方は必然的に恋愛本が棚に並んでいる場合が多いですし、「やせたい」「キレイになりたい」と思っている方はダイエットの本やキレイなモデルさんがたくさん写っている雑誌や本などを多く買っている場合もあるでしょう。

「片づけられるようになりたい！」と思っている方は、片づけ本をたくさん持っているかもしれません。

このように、**人は自分に足りないものを補おうとして、本を買い求める傾向があります。**

そして、本は知らぬ間に増えていくものです。

気づけば、本棚に二重にも三重にも重なるように本を収納していることもあるのではないでしょうか。これでは、お気に入りの本を読み返したいと思っても、どこにあるのかがわからなくなってしまいますね。

ここでも、「出す・磨く・戻す」を使って、整理してみましょう。

本は一度すべて本棚から出します。このとき、ジャンル別に分けて積み重ねていくといいでしょう。また、このとき明らかに「この本はもういらないな」と思えるものがあれば、端によけておくと作業が楽になります。

次に、本棚を拭いていきます。まずは、水拭きして汚れを落としていきます。やさしく、丁寧に角まで拭いていきましょう。

次に、本を拭いていきます。乾いた布で表紙、裏表紙、本の背、本の上下までやさしくほこりを落としていきます。

このとき、明らかに「この本はもう必要ないな」と思えるものがあれば、端によけておきましょう。

最後に、本棚に本を戻す作業です。

好きな本から1冊ずつ取り出し、目につきやすいところに戻してもいいでしょう。見栄えを重視するのであれば、同じ大きさのものを並べたり、小説、実用書、マンガ、雑誌……など、ジャンルごとにまとめて置いておくのもいいでしょう。

このとき、「棚に戻したくないな」と思った本があれば、端によけましょう。最後に端によけた本をひとまとめにします。処分するのもいいですが、最近はネットで古本の買い取りサービスなども行なっていますから、そういったものを利用してもいいかもしれません。

本棚

1点キープ

本棚の1段目

お気に入りの本を並べて、好きを集めよう

これだけはやろう！

定期的に取り出して、
好きな本から棚に戻して

汚れがするする落ちる！効果バツグンの正しい「床磨き」

私は、どの方にも床磨きをおすすめしています。

なぜなら、**床は「暮らしの土台」**だからです。

どの部屋でも床をキレイにしていくことを心がけると、いい状態で住んでいる感覚になるのです。それに、肌で感じることで部屋の状態が手に取るようにわかるようなところがあります。


では、正しい床磨きの方法をご紹介しましょう。


まずはぞうきんになる布を2枚用意します。

1枚は乾拭き用、もう1枚は水拭き用です。

サイズはA4判の半分くらいの大きさ。手に持てるくらいのサイズです。大きい場合には1、2回たたみましょう。使い古しのタオルでいいです。バスタオルのような大きいサイズのものであれば、切ってもいいでしょう。基本、あるものを使うことをおすすめします。ある程度汚れてボロボロになったら捨てていきます。

では、さっそく床磨きの方法です。

① **水拭き用の布を水に濡らし、しめっている程度までかたく絞りましょう。布を手のひらが収まる程度の大きさに1、2回折りたたみます。**

② **右手に濡れた布、左手に乾いた布を持ちます。床にひざをつき、まず、右手の濡れた布で床を拭いたら、次に左手の乾いた布で乾拭きします。そして、少しずつ拭き進めていきます。**

拭き方のコツとしては、顔をなるべく床に近づけて、じっくり見ながら磨いていくこと。床から30センチくらいが、ちょうどいいかと思います。

大きな範囲を一気に拭こうとせず、ピンポイントで床を見ながら、その範囲を少しずつ広げていきます。小さなところから少しずつ、を忘れないでください。

① 布を絞り、手のひらサイズに折りたたむ

② 右手に濡れた布、左手に乾いた布を持ち、交互に拭く

手と同じ大きさの布で磨いているので、手に布がくっついて、まるで自分の手で磨いているような一体感を覚えるでしょう。

床を少しずつ拭きながら、隅々を見渡し、「キレイになったな～」としみじみ感じながら磨いていくと、楽しいですよ。

先にも少しお話ししましたが、床は磨けば磨いた分だけ、それにこたえて輝いてくれます。そして、その輝きがあなたにも伝わっていくのです。

その効果をどうか実感してください。

「素手」で磨くと、ものを大切にしたくなる

先にもお話ししたように、私ができるだけ「素手」でぞうきんを持って磨くことをおすすめしているのには、もう1つ理由があります。

それは、直接皮膚で床やものを磨くことで、**肌感覚で「磨いたものを大切にしよう」という気持ちがわいてくる**からです。

これはあるテレビ番組で、脳科学者の方がおっしゃっていたことなのですが、皮膚は脳が分化して、表面にあらわれたものだそうです。ですから、皮膚に直接触れたものは脳にダイレクトに刺激されたり、イメージとして伝わったりするといいます。

そして、**皮膚で触れたものはまるで「自分の一部」になるような感覚になる**というのです。

大リーグで大活躍しているイチロー選手も、自分のバットやグローブを自らの手で

丁寧に磨いているそうです。イチロー選手のパフォーマンスが高いのは、これが理由の1つだといいます。

バットやグローブを自分で磨くことで、すべて「イチローの一部」になっていくのです。バットもイチロー、グローブもイチロー。ものにまるで神経が通っているかのようになる。最強ですよね。だからバットもグローブもまるで自分の身体として自由に動かせるのではないか、というのが、脳科学者の方の分析でした。

ある企業では、素手でトイレ掃除を行なったりするそうですが、これも同じ理由だと思います。皮膚で会社のものに触れることで、「会社も自分の一部」だという認識になっていくのです。

そして、掃除という行為を通して、会社のものを大切に扱うようになる。自然と自分の一部と会社がつながって、会社にも愛着心がわいてくるのです。また、社員の人たちにも連帯感が生まれてきます。このように、素手でものに触れることにはすごい効果があるのです。

実際に皮膚で感じながら、ものを大切にする気持ちをぜひ体感してみてください。

身近なものが便利グッズに！

この章の最後に、身近なもので掃除に役立つ便利グッズを2つご紹介します。

私は基本的に特別な道具は使用しません。

家にあるものを使えばいいと思いますし、**何もなければ「素手」で十分**です。ただ、「これがあると便利だな」と思うグッズはあります。どれも、お金がかからずに使えるものばかりなので、お財布にもやさしいですよ。

使い古しの歯ブラシ

これはかなりのすぐれものです。シンクや蛇口のすみ、ガス台のふち、お風呂の排水口、トイレのちょっとしたすきま、窓のさん、フローリングの床の溝などの汚れを取るのに最適です。

使い古して毛先が開いてしまった歯ブラシなどは捨てずに取っておきましょう。

柑橘系の果物

レモン、オレンジ、甘夏、すだち、かぼす、グレープフルーツなど、柑橘系の果物は磨くのにおすすめです。

ちょっと使ったけれど、使いきれなくて干からびてしまったレモンや腐りかけで食べられないすだちなどが、冷蔵庫に眠っていたりしませんか？　まず、それらを絞り、次に皮を使って磨きましょう。

シンクや蛇口、キッチンまわり、ガス台など、油汚れがあるところをこすり、最後に乾いたぞうきんで拭くと、ピカピカになります。

食べられない食材も、こうして使えば有効活用できますね。

第６章

片づけで人生は こんなに輝きだす

片づけの先に待っている、未来を思い描く

よく驚かれるのですが、**実は私は、掃除が好きなわけではありません。**

だから、「お掃除好き」という人の気持ちは、はっきり言ってよくわかりません。

では、なぜ掃除をするのでしょう。それは、「掃除は自分の人間性を高めることにつながる」と思っているからです。

掃除は特に好きではないけれど、人間性を高めることは大好きなんですね。掃除をすればするほど、自分の人間性が高まると考えているので、それを目的にやっているというわけです。

ゲームにたとえるなら、戦いを重ねるうちに、徐々にパワーや武器を得られますよね。それと同じような感覚です。掃除をすればするだけ、人間性というパワーが高まっていくような気がしているのです。それがおもしろくてやっているようなところがあります。一種の修行とでもいいましょうか。

子どもが大好きなアニメのアンパンマンに「にんにく小僧」というキャラクターが出てきます。にんにく小僧は修行の身。にんにく和尚《おしょう》のいるにんにく寺に住み込みで働いているのですが、お寺の廊下の床をぞうきんがけしながら、こう歌うんです。「お寺の修行はつらいけど、修行を積めば和尚さん～♪」。

私が床磨きをするのも、この感覚にちょっと似ているかもしれません。掃除をすればするだけ、私という人間がどんどん高まり、豊かになっていく、と思っているようなところがあります。

片づけを楽しく続けるコツは、このように「片づける」をゴールにするのではなく、その先を考えることです。

私の場合は、「片づけると、自分の人間性が高まる」と考えていますが、「人間性が高まる」の代わりに、自分が目標にしたいことを当てはめてみてください。

たとえば「片づけを続けるとやせる！」とか「キレイになる！」というのもいいでしょう。「仕事で成功する！」とか「彼氏ができる！」というのでもかまいません。

そして、「なりたい自分」を設定したら、その人が住む部屋をイメージしてみるのです。

もし「やせる！」というのを目標に掲げたとしたら、次に「スッキリとした体型になった自分は、どのような部屋に住んでいるかな？」と考えてみます。

「部屋の状態は？」「冷蔵庫の中身は？」などを、具体的にイメージしてみましょう。

そのように考えながら、今の自分の部屋や冷蔵庫の中を見てみると……？

「部屋が服で散乱している、ということはないはず」「冷蔵庫に賞味期限切れの食品は入っていないわよね」「ぐちゃぐちゃにものを収めるようなことはしていないはず」ということに気づくはずです。

片づけができない人は、片づけることをゴールにしてしまっています。だから、一度キレイになってしまうと、そこでおしまいと考えてしまい、状態を維持できないのです。そうではなくて、**片づけた先に待っている「明るい未来」をゴールにしましょう**。「片づけ」は、「ステキな未来」へ向かう途中の単なる通過点なのです。

いい習慣は周囲に〝伝染〟する

ところで、**片づけの習慣は周囲の人にも「伝染」する**って知っていますか?

たとえば、家族のうちの誰か1人が片づける習慣を身につけると、自然とそれがダンナさんや子ども、おじいさん、おばあさんなど、ほかの家族にも伝わっていくのです。そして、いつの間にか、それらの人も片づけるようになっていきます。

私の家庭がまさにそのパターンです。

私は家で「片づけよう!」とか「キレイにしたほうが絶対にいい!」ということは一切口にしたことがありません。けれど、気がつけば、家族みんなが当たり前のように片づけるようになっていました。

思い返すと、妻とつき合いはじめたころには、部屋に化粧品の箱などが無造作に散乱していることがよくありました。けれど、今はそのようなことはまったくありません。あるとき、当時のことを思い出しながら、妻に「今はすごくキレイ好きだけど、昔はそうでもなかったよなあ。何かきっかけでもあったの？」と聞いたことがあります。すると、「それは、あなたからの影響が大きいわよ」という答えが返ってきました。妻は、今ではすぐに片づけないと落ち着かないくらいまでに、片づけることが習慣化しているようです。私よりもむしろ片づけるのが早いくらいで、私がゆっくり食事していると、いつの間にかお皿を下げ、キッチンや食卓はみるみるうちにキレイになっていきます。

それから、私には4歳の娘がいますが、彼女もとてもキレイ好きです。掃除や後片づけすることが楽しみでさえあるようで、いつも率先してやってくれます。休みの日に私が「遊びに出かけようよ」と誘っても、「パパ、ちょっと待って！　お片づけでキレイにしてから！」と言うほどです。

このように、**家族みんなが喜んで片づけるのは、私が片づけに取り組む姿を見て、「片づけるのはいい習慣なのだ」というイメージが自然と刷り込まれているからに他なりません。**

けれど、私の家族と同じく、家族の中に片づけが得意な人がひとりいるにもかかわらず、それ以外のみんなは片づけが苦手、というケースは実は少なくありません。また、片づけが得意な人が「片づけをしなさい！」と言えば言うほど、ほかの人は逆に片づけなくなるという場合も多いものです。

同じ「家族に片づける人がいる」という状態であるにもかかわらず、ほかの家族も片づけ好きになるか、それともほかの家族は片づけ嫌いのままか？　の違いが出るのはなぜでしょう？

実は、いい習慣を伝染させるためには、たった1つのポイントがあるのです。

それは、「楽しんでいる姿を見せる」ということ。

あなたは楽しみながら片づけていますか？　眉間にしわを寄せながら、「私だけ、なんで片づけなければいけないのよ」とつぶやいたり、「また散らかって。片づけてもすぐ汚くなるのよね。はあ〜」と大きなため息をついたりしていませんか？　このような姿を見せていると、周囲の人は「片づけって、ちっとも楽しそうじゃないな」ととらえ、自らやりたいとは思わなくなってしまいます。

私は、単に片づける姿を家族に見せるのではなく、「楽しみながら片づけている姿見せる」ということを常に意識してきました。そして、キレイに変化した部屋を見て、「片づけたあとは、スッキリしてとても気持ちいいねー！」と、必ず自分の爽快感を言葉に出して伝え続けてきたのです。

人は、楽しくて、さらにいい気持ちで心が満たされるような行動を取ると、自然とまたやりたくなるものです。これは片づけに関しても同じことが言えます。「片づけるって楽しい！」と思えるようになると、もっと片づけたくなるのです。

あなたが楽しみながら片づけている姿を見るうちに、ほかの家族も「なんだか、片づけるのって楽しそうだな」「そんなに楽しいなら、ちょっと自分でも片づけてみようかな」という気持ちに自然となっていきます。

そして、「片づけなさい！」とわざわざ口に出さなくても、いつの間にか家族みんなに片づける習慣が身についてくるのです。

片づけの習慣は伝染する――気づけば、みんながキレイ好きに！

片づける〝ふり〟だけでキレイになる不思議

先に、片づけの習慣は「伝染」する、とお話ししましたが、これまで片づける方法を知らなかったためにうまくできなかった、という方もいらっしゃいます。

指導にうかがう際、実際に私が床やものを磨く姿を見ることで、「ああ、こうやってやればいいのか」と理解され、影響されてやるようになる場合が多いです。

反対に、いろいろな「片づけ術」「掃除法」を学びすぎて、知識を持ちすぎるあまりに、逆に片づけられなくなっている方もいらっしゃいます。

割合としては、最近はこちらのタイプの方のほうが多いようにも思います。いろいろな考え方、掃除のノウハウが混在して、「片づけはこうあるべきだ」という考えにがんじがらめになり、身動きが取れなくなってしまうのです。そして、「自分は片づけができないんだ」と思い込んでいる方は多いです。

ある方も、「私は片づけができないんです」と悩んでいらっしゃいました。

そこで、私は「では、片づけ遊びをやってみましょう。これから、片づける〝ふり〟をしてください。片づけってこんな感じかな？　と思うようなことをやってみましょう」と提案してみました。

たとえば、掃除機をかけられていなかったところのほこりを、ちょっと取ってみたり、1か所だけキレイにして、あとは適当な場所に置いてみたり。

片づけようとするのではなく、「何となく自分が考える片づけ」をやってもらうことにしたのです。

すると、おもしろいことに、**片づける〝ふり〟をしているはずなのに、十分片づいていく**のです。実際に片づけるのと同じ効果があるんですね。その方が「こんな感じですかね？」とおっしゃるので、「そう、そんな感じでいいんです！」とお伝えしました。

片づけは別にきちんとやらなくてもいいものなのです。

やれる範囲でやればいい。適当にやって、まったく問題ありません。

片づけに「これをしなければいけない！」という絶対的な方法は、はっきり言ってありません。

何度もお話ししていますが、自分のやれる範囲で、気負わずやれば十分です。

適当でいい。

楽しく続けることこそが、一番のコツです。

腹が立ったら――〝もの〟にあたろう

部屋は、今のあなたの状態を表わしてくれるものです。

よく「先生のお家は常にビシッとキレイになっているのでしょうね」と思われがちですが、決していつも完璧に整っているわけではありません。ちょっと忙しかったり、出張が続いたりすると、例外なく部屋は荒れます。

でも、それは決して悪いことではありません。

私は**部屋を「忙しさのバロメーター」**として見ています。

もし部屋が荒れてきたら、「ちょっと仕事のペース配分を間違えたな。忙しすぎたかも。少し無理していたな」と思って、スケジュールを見直し、仕事量を調整するようにしています。

このように、部屋の状態は自分の行動をチェックするいい材料になるのです。「部屋がキレイだからいい」「部屋が汚いから悪い」というわけではありません。部屋はあなたの状況を客観的に見せてくれる、いわば「鏡」のようなものです。

女性の中には、「生理前になるとやる気がなくなって、部屋が汚くなる」という方もいらっしゃいます。逆に、「生理前には無性に部屋を片づけたくなって、かえって部屋がキレイになる」という方もいらっしゃいます。

このように、自分の気持ちと部屋の状態は密接に結びついているところがあります。どちらかというと、女性のほうが感情と行動が直結していると言えるでしょう。

たとえば、何か腹が立つことがあると、イライラしてつい身近な人にその気持ちをぶつけてしまうこともあるでしょう。

けれど、これからはそういった感情をぜひ「掃除」にぶつけてみてください。

「片づけ」を通して、自分の行動をコントロールできるようになると、次第に感情を上手にコントロールできるようになります。

イラッとしたら、誰かに当たるのではなく、シンクをゴシゴシ磨いてみるとか、お皿を洗ってみる、床磨きしてみるなど、ものに意識を向けるようにするのです。自分の心よりもどす黒く汚れているものを見つけて、それを磨いてみましょう。

いい意味でものに当たるのです。

無心に磨いているうちに、いつしか腹を立てて煮えくり返っていたような気持ちやイライラ、モヤモヤした感情は消え去り、忘れていきます。

怒っているといつも以上に力が入るので、よく磨けるかもしれません。

実際、怒りのエネルギーを片づけにぶつけることで、部屋がキレイになる、という方もいらっしゃいます。

「腹が立ったときこそ、片づけのチャンス」というわけです。

このように、怒りの感情も掃除にぶつけてみましょう。

人に当たると人間関係にひびが入ったり、雰囲気が悪くなったりして、なにかと差しさわりがあります。けれど、掃除に当たるのは誰にも害がないばかりか、部屋がキレイになる、という特典までついてきます。まさに一石二鳥ですね。

社長さんには片づかないタイプが多い!?

この仕事をしていると、社長や経営者といった方々から相談を受けることも多くあります。そのような方を見ていると、多くの場合、家が荒れていたり、部屋が荷物で散乱していたり、デスクまわりが散らかっていたりします。

人の上に立つ人、新しく何かを生み出したり、世界を変えるような何かをする人たちは、けっこう片づかないタイプの方がいます。

片づかないタイプの方は、発想力があり、枠にとらわれずにものをつくれる人が多いのです。ですから、「私は片づかないな」と思っている方、どうか自信を持ってください。あなたはすごい発想力を持っているかもしれませんよ。

ただ、あふれ出るものを収拾する術《すべ》が身についていなかったり、周りにそれらをまとめてくれる人がいなかったりする場合が多いのもまた事実です。また、外から取り入れることばかり考えて、それを活かすことを考えていない場合もあるでしょう。アイディア、発想を出しっぱなしで、振り返ることをせず、ただ前へ前へと突っ走ってしまいがちなところがあるのです。ときには一度立ち止まって見直し、反省したり、検証したり、改善しようとしたりする必要もあるでしょう。

こういった方も、片づけをするうちに、自分が持っているものや発想を大事に活かすという視点が身についてきます。

部屋が整っていくのと同じように、自分の発想を見直して、それを改善して活用しようという方向に変わってきます。すると、「適材適所」という言葉の通り、持っているものを最適な場で活かすことができるようになります。

そして、最終的には自分があれこれ頑張って、身を粉にして動かなくても、周囲が勝手にうまく動いてくれるようになることが多いのです。

子どもに「片づけなさい！」と言うより効果的な方法

「子どもが片づけなくて」

「いくら言っても遊んだおもちゃがそのまま出しっぱなしなんです。どうしたら片づけるようになるでしょう？」

というようなご相談をよく受けます。

子どもに「片づけなさい！」と言ってもなかなか聞かないですよね。

そのようなときには、どうすればいいでしょう？

言葉で言って聞かせるよりも、「片づけって楽しいものなんだ」ということを見せることのほうが効果的です。

相談を受けたあるご家庭のお子さんに、お母さんがいないところで、「なんで片づけをやりたくないの？」と聞いてみました。

すると、次のような答えが返ってきました。

「お母さんには『片づけしなさい』とか『やらないとダメだ』とか『片づけないと幸せになれないよ』とか言われるんだけれど、片づけしているお母さんを見ていても、ちっとも幸せそうじゃないんだもん」

それを聞いて、「ああ、やっぱり子どもは見ているもんなんだなあ」と思いました。

そして、言葉で言うよりも、もっと純粋に「楽しいからやる、やりたいから片づけてみる」と思わせるほうがいいのだな、ということにも気づきました。

子どもは、基本的には大人がやっていることは何でも自分でやりたいと思う生きものです。ですから、楽しそうに掃除をしている姿を見せたら、真似をすると思うのです。

あなた自身、楽しみながら片づけていますか？

「なんで、私が片づけなければいけないのかしら」「まったく、すぐに汚くなるんだから……」とイライラしたり、怒ったりしながら片づけていませんか？

そのようなあなたの姿を目にして、お子さんは「ああ、片づけって楽しくないものなんだな」と感じてしまうのではないでしょうか。

どんな子どもにとっても遊ぶのは楽しいものです。楽しいことのあとに、「片づけなさい！」と厳しく言ったとしたらどうでしょう？「遊ぶことは楽しいけれど、片づけは楽しくない」という気持ちが高まって、ますます片づけをしなくなってしまうのではないでしょうか。

それより、**「遊ぶのも楽しいけれど、元に戻すのもこれまた楽しい」**と感じてもらえるようになるのが一番です。最終的には、「遊ぶ」と「元に戻す」が常にワンセットという認識を持ってもらえるといいですね。

まずは、遊び終わったらお母さんが率先して楽しそうに片づけて、さらには床や机を拭いてみましょう。

ここでポイントなのは、お母さんが「楽しそうに」片づけるという点です。「まったくこんなに汚して。ダメじゃない!」と怒りながら片づけると、子どもは「片づけるのは楽しくない」という認識を抱いてしまい、片づけから遠ざかってしまいます。

先ほども少しご紹介しましたが、うちの4歳の娘は、遊んだらいつも率先して片づけをします。「遊んだら元に戻す」という習慣が自然と身についているようです。

お風呂でも、私が床などを磨いていると、「パパ、何してるの?」と聞いてきます。そこで、楽しそうに「磨いてるねん」と答えると、「一緒にやるー!」と言って、泡で自分のおもちゃやお風呂を磨いています。

まずは、あなた自身が楽しみながら片づけるようにしてみましょう。それを続けるうちに、あなたの「背中」を見たお子さんの行動にも変化が出てくるはずですよ。

それから、先にもお話ししましたが、「片づける」という言葉は非常に抽象的でわかりにくいものです。ですから、子どもに対しても、ただ「片づけなさい」と言うのではなく、より具体的に伝えるようにするといいでしょう。たとえば、「〇〇を元あった場所に戻そうね」「お皿を流しに持って行ってね」「お人形さんを家に帰して、寝かせてあげようね」など、イメージしやすい言葉で伝えてあげましょう。

12月は大掃除しなくていい！

巷では、11月の終わりくらいから一斉に、「年末の大掃除をしましょう！」と言われますね。テレビや雑誌などでも、こぞって「大掃除特集」が組まれ、「一年に溜まったあかを落としましょう」というようなことを言われます。

そして、大掃除がなかなかできない、と自己嫌悪に陥る方もすごく多くいらっしゃるでしょう。

でも、**はっきり言って、年末の大掃除なんてする必要はありません**。

実際、私は年末の大掃除はしません。年末はいかに快適に過ごすか？　しか考えていないのです。世の中の流れと逆行するように、旅行に行くなど、楽しいこと、やりたいことをすると決めています。なるべくゆっくりして、自分の体の疲れを取り、休ませてあげるのです。

私の基本コンセプトは、**「掃除をしなくていい状況をつくっていく」**です。それは年末も同じです。一気に大掃除をするのではなく、大掃除をしなくてもいいように逆算して考えます。

年のはじめから、少しずつ部屋を整えていくと、それがスタンダードになるので、1年の終わりにがんばって大掃除をする必要がなくなります。

換気扇やお風呂場、天井の隅っこなど、「普段掃除しない場所を1年に1度くらいは磨きましょう」と言われる場所も、普段から目を向けていれば、年の瀬にまとめて掃除する必要がなくなります。

日頃から、お風呂に入り、自分の体を洗ったついでに、壁を洗ってみる。天井を見上げて、「少しくすんでいるな」と思ったら、手でこすってみる。

キッチンなら、お皿を洗ったついでにシンクの汚れを拭き取る。フライパンをガス台に置いたら、枠や換気扇をぞうきんで拭いたりする。その程度です。

こまめにやると、少ない労力で安定してキレイを保てます。1年間放置しているから、汚れはこびりつくのです。そして、汚れがしっかりとこびりつくから、はがすのも大変になり、しんどくなるのです。

毎日やっていたら、基本は水拭きだけでキレイになります。ほとんどの場所は洗剤もいらず、水拭きでいいのです。

水で濡らしてかたく絞った布で、コシコシとこすれば、たいていの場合、キレイになります。

ゴシゴシではなく、コシコシです。なでるくらいで十分です。

これで、12月も大掃除いらず。

大掃除をする代わりに好きなことをしてみませんか？

生き方を１８０度変える片づけのパワー

これまで８０００人以上の方に片づけの指導をしてきましたが、**みなさん、ただ部屋がキレイになったというだけでなく、本当に人生に「いいこと」が起こっています。**

たとえば、これまでいい出会いがない、と嘆いていた方にステキなパートナーが見つかったり、仕事で大きなプロジェクトを任されるようになったり、夫婦の仲がよくなったり、冷え切っていた家族の関係が復活し、みんなで旅行に行くようになったり……。

そして、私自身、何より生き方が１８０度変わったことを実感しています。

まず、目つきからして変わりました。

汚部屋に住んでいたころは、目がつり上がっていたみたいで、「目つきが悪い」「ヤンキーみたい」などと言われて、なぜか怖がられていました。今考えてみると、いつも殺気立っているような、そんな感じでした。ちょっと近寄りがたい雰囲気を醸《かも》し出していたみたいです。

それが今では「まるで仏様みたいですね」と言われるほどですから、人って変わるものですね。実際、あまり怒ったり腹を立てたりすることもありません。

あとは、働き方が大きく変わりました。先にもお話ししましたが、自分の身を粉にする働き方から自分を大事にする働き方になりました。働く時間はどんどん減るのに、収入はどんどん増えていくような流れになっています。

以前はスケジュールを分刻みで目いっぱい詰め込んでいるところがありました。ちょっとでも私に「会いたい」と言ってくれる人がいたら、それがどこであろうとすぐに飛んでいっていたのです。ところが、実際に行くといくら待ってもやって来ず……。すっぽかされるということもありました。

また、家にほとんどいないような生活をしていると、部屋も荒れるんですよね。せっかくお金と時間を使って会いに行ったのに、相手には約束をすっぽかされるわ、部屋は荒れるわ、娘とはなかなか遊べないわ……。なんだか踏んだり蹴ったりですね。

そんな経験を重ねるうちに、いつしか「心から望んでくれている人のために時間を使いたいな」と思うようになったのです。

家族を大事にし、娘と遊ぶ時間を大切にできるような仕事の仕方をしよう、と考えるようになりました。何より娘は、ほかの誰よりも私と遊ぶことを心待ちにしてくれています。それを犠牲にしてまで、安易に人に会っては娘に失礼だ、と思ったのです。

以来、無理をして予定を入れることはやめました。ちょっとえらそうに聞こえるかもしれませんが、私自身が「本当に会いたい」と思える人にこそ会うよう心がけたのです。そうするうちに、不思議なことに、自分があくせく動かなくてもうまく事が運ぶような流れに変わっていきました。

結果として、家で娘と遊ぶ時間は増え、相手に予定をすっぽかされることもなくなり、さらに収入も増える、という、自分の望むスタイルを得ることができたのです。

一見、掃除と生き方は何のかかわりもないように思えるかもしれませんが、関係は「大アリ」です。片づけをすると、生き方もものすごく変わりますし、考え方も根底から大きく変わっていきます。

これは私自身が体感したことなので、ぜひみなさんにも試していただきたいのです。

おわりに

ここまでお読みいただきまして、ありがとうございます。

どうですか？

少しでも、できそうな気になってきましたか？

もし「片づけられそうだな」と思えたら、もう大丈夫。今度はきっとうまくいくはずです。

これまで片づけがうまくいかなかったのは、ちょっとした気持ちによるものだと私は思います。


「私は片づけが苦手だから……」

「片づけるためには、まずものを捨てなければ！」

「完璧にキレイにしなければ！」

「まだまだ、こんな状態では片づいたとは言えないわ」

こんなふうに思い込み、あなたは自分を厳しく追い立ててきたのではないでしょうか？

これからはそういった考えはすべて忘れましょう。

なぜなら、片づけが苦手でも、ものを捨てなくても、部屋はキレイになるからです。

完璧に部屋をキレイにする必要はありません。

1点だけキレイにできれば、それでいい。これまでよりちょっとだけキレイが増えていたら、それで十分なのです。

ものを捨てない！「出す・磨く・戻す」だけ片づけをしよう！と気合を入れない

適当に、やりたいときに、やってみる。それもちょっとだけ

「1点」だけキレイをキープ

私がお伝えしたいのは、これだけです。

でも、これを続けるだけで、人生は大きく好転します。

この方法を実践した方からは、

「なんだか片づけが楽しくなった」

「全然苦ではないのに、部屋がキレイになった」

「おまけに、ステキな彼氏ができた！」

「仕事がうまくいくようになった」

「家族の仲がよくなった」

と、うれしい報告が続々寄せられています。


次は、あなたの番です。できるところからはじめてみてください。そして、喜びの声をぜひ聞かせてください。心から応援しています。

最後になりましたが、この本をつくるにあたってお世話になりました、編集者の花島絵里奈さん、ライターの柴田恵理さん、空間心理カウンセラーとしての礎《いしづえ》を築いてくださった、日本メンタルヘルス協会の衛藤信之先生、質問家のマツダミヒロさん、いつも側で支えてくれている家族や仲間たちなど、かかわるすべての皆様にお礼を申し上げたいと思います。

そして、何よりここまで読んでくださったみなさんに深く感謝いたします。ありがとうございました。

少しでもお役に立てたなら、こんなにうれしいことはありません。

伊藤 勇司

片づけは「捨てない」ほうがうまくいく

2016年11月25日　第1刷発行

著者　伊藤勇司

発行者　土井尚道
発行所　株式会社 飛鳥新社
〒101-0003
東京都千代田区一ツ橋2-4-3 光文恒産ビル
電話(営業)03-3263-7770
電話(編集)03-3263-7773
http://www.asukashinsha.co.jp

編集協力　柴田恵理
ブックデザイン　井上新八
イラスト　どいせな

印刷・製本　中央精版印刷株式会社

ISBN 978-4-86410-517-0

編集担当　花島絵里奈